どの学校でもできる！
学力向上の処方箋

学校リニューアルのマネジメント

西留安雄 著

ぎょうせい

はじめに

私の故郷は、宮崎県都城市である。高校生の時、霧島連山の一つである高千穂の峰に登ったことがある。坂本龍馬と妻のお龍が新婚旅行で訪れた地である。その龍馬の故郷である高知県教育委員会に招かれ仕事をすることになった。私は、高千穂の峰と高知県に立てたことに何か因縁深いものを感じた。

龍馬は、幕末の頃、薩摩や長州を結び付け、幕政の改革に奔走した人物である。その頃の幕府は、伝統やしきたりを重んじ、旧来の施策を続けるだけであった。だが、幕末に大きな改革の波が訪れ、その手法では、もはや通じなかったのである。そこに龍馬の活躍の舞台ができた。

龍馬が生きた頃と今の時代背景は違う。だが、重なることがある。幕政改革と教育改革がとても似ているからである。学校では学習指導要領の改訂が行われた。併せて小学校における英語活動や総合的な学習や言語力の充実等も求められている。新しい教育内容が溢れるくらい入ってきている。このスピードに学校の対応が遅れている。その原因は、幕政と同じように、変化を好まない学校や教育行政の仕組みが続いているからである。

教師の仕事を減らすために会議を精選しようとすれば、話し合いの時間は大事だという意見が出る。朝は教室で子どもを迎えようとしても、職員間の打ち合わせでできない学校もある。ＰＤＣＡサイクルの教育課程では、評価や改善策が弱く、よい教育課程をつくれないと分かっていてもなぜか続いている。そのため、国や県の教育施策が十分に浸透しきれない状態がある。教師や関係者の相当な努力がない限り、新しい展望は開けない。

私がこの本を書こうと思ったのは、こうしたことを解決したかったからである。子どもと教師がいつも一緒にいる。教師は子どもと向き合う。この当たり前の学校に戻ればいいと思う。明治維新の学校に戻ればいいのである。私は、そのために、ＤＣＡＰ教育課程・研究サイクル、教育活動直後に評価や改善策をまとめる直後プラン、ワークショップ方式会議、一月から始まる教育課程等を開発した。どれも教師の多忙感や子どもの学力向上等を図るための施策である。子どもたちや教師のゆとりを生み出し、学力向上・健全育成へとつなげた施策を、全国の皆様にこの本で提案したい。

この一～二年、全国の教育委員会で仕事をさせていただく機会があった。自らが体験したことを伝える役があったからである。少し手ごたえがあったような気がする。私の夢は、日本中の学校から多忙感をとることである。そのために、これまでの当たり前だという学校常識を変える。多くの方々に、学校が変わったという実感を持ってもらうために、力は小さいが努力をしていく。

学校常識を変えることを主体にした趣旨の今回の出版は、日本の教育の常識を大きく変えると思う。協力していただいた出版社ぎょうせいには、この場を借りて感謝を申し上げる。

平成二四年七月

西留安雄

はじめに

第1章　学校常識からの脱却

1　改革を阻む「学校常識」の壁……2
(1)なぜ学校改革が必要か／(2)危機を感じない学校の危機／(3)子どもと向き合わない学校・教師／(4)〝共通理解〟を重んじすぎる学校常識／(5)不干渉文化の学校常識／(6)学校の事情を優先する学校常識／(7)狭い教師の考え方／(8)内輪の論理で進める学校／(9)マニュアルで進める危機対応／(10)形だけの情報交換／(11)その場対応だけの指導／(12)「早帰り」の学校常識／(13)子どもと遊ばない教師／(14)二学期制だけでは改革は進まない／(15)校長は「上がり」か

2　変われない教育課程……14
(1)機能しないPDCAマネジメントサイクル教育課程／(2)「四月から三月」にこだわる教育課程／(3)全体練習・リハーサルに励む学校行事／(4)年度末作成の年間指導計画作成は見切り発車／(5)遅すぎる年度末作成の教育課程／(6)精選できない学校行事／(7)教師満足の学校行事／(8)価値ある行事ではない／(9)形だけの学校評価／(10)保護者より学校の都合を優先する教育課程／(11)子どもが登校している中での職員朝会／(12)リズムに乗れない月曜朝の校長講話／(13)土曜休業日に授業に走る学校／(14)子どものよさだけを記入する通知表は本物か

3　学力向上に向かわない学校常識……25
(1)教科学習のカット体質／(2)授業の改善策をつくるだけの学力向上対策／(3)カリキュラムマネジメ

ントからの対策がない／⑷学力低下に危機意識のないリーダー

4　実らない校内研究……28
⑴授業のツボを教えない授業研究／⑵活用型の授業ではない授業／⑶学習指導要領の理念が浸透しきれていない／⑷共通理解が先行する校内研究／⑸手引書のない研究／⑹意見交換ができない研究協議会／⑺授業で勝負しない研究発表会／⑻「五〇の手習い」のない学校／⑼研究授業に参加できない子ども・保護者

5　人材育成ができない学校組織……35
⑴人材育成組織が不十分／⑵大量退職・大量採用をマイナスととらえる学校／⑶ベテラン重視型の硬直した運営組織／⑷社会常識を教えることに躊躇／⑸危機管理が甘い／⑹リーダーシップ不足

第2章　私が取り組んだ日本一の学校づくりへの挑戦

1　運営組織改革（改革初期）……40
⑴改革前夜—赴任直後に目にした学校の現状—／⑵初期の取組み／⑶四月当初の学校経営方針／⑷リニューアル宣言（喫緊に取り組む内容）／⑸学校改革の基本的な考え方／⑹ゆとりと充実のある学校／⑺学校改革タイムスケジュール／⑻学校改革進行表／⑼主な行事の指針／⑽保護者へ学校リニューアルの説明／⑾改革初期の学校常識／⑿改革初期に校長として大事にしたこと／⒀改革初期の成果と課題

2　「新学校システム」「新校内研究システム」の構築（学校改革中期）……68
⑴学校改革中期の取組み／⑵校内研究の推進（市・都の研究推進）／⑶校長として大事にしたこと／⑷改革中期の成果と課題

目　次

3　学力向上・OJT（学校改革最終期）……73
(1)学校改革最終期の取組みと成果／(2)校長として大事にしたこと
4　学校改革で配慮すること……76
5　学校常識を変えるためのリーダーシップ……77
6　子ども・教師・保護者の変容……79
7　学校リニューアルの成果……80
第3章　学校リニューアルの実際
1　新学校システム……86
(1)学校を改革するのは校長の意志と実行力／(2)「改革・開発・簡素」の3Kが基本／(3)行事直後に反省・改善する「DCAPカリキュラムマネジメントサイクル」／(4)「一二月決算」と複線型の週時程で学校の「時間」を改善する／(5)子ども中心の発想で活動を見直す
2　学力向上のマネジメント……116
(1)授業改善策／(2)毎日の放課後学習／(3)セカンドスクール／(4)サマースクール／(5)三者面談／(6)学力調査マネジメント／(7)「これっきり○○シリーズ」／(8)ドリル・漢字検定／(9)「まなブック」／(10)教科担任制／(11)習熟度別少人数指導での学力向上／(12)学力向上チェック表
3　授業改善（校内研修の改革）マネジメント……140
(1)教師が取り組む授業改善マネジメント／(2)子どもの自主的な学びを促すマネジメント
4　人材育成マネジメント……155
(1)これまでの人材育成の課題／(2)研修機会／(3)教師の常識を記したOJTノートの開発

5 全国の教育委員会・学校への指導……169
⑴高知県教育委員会─教師が学び教師が育つ学校づくりプロジェクト事業─／⑵熊本県鹿本教育事務所・山鹿市教育委員会─山鹿市教育創造「夢プロジェクト」─／⑶長野県青木村教育委員会「あおきっ子の育成」

第4章 学校リニューアル・マニュアル─学校を変える20の提言─……181
提言1 リーダーシップの発揮／提言2 DCAPサイクル教育課程の推進／提言3 「授業カットなし」を学校常識に／提言4 子どもに任せる授業を導入／提言5 学びの手引書を作成する／提言6 学力の向上のために補習システムを確立／提言7 DCAPサイクル校内研究システムの推進／提言8 研究の手引書を作成／提言9 教師は論文を書く／提言10 研究発表会から研究協議会へ／提言11 「五〇の手習い」の義務付け／提言12 人材育成システムを確立させる／提言13 若手教師の速成／提言14 校務と教育活動のスリム化／提言15 一役一人制校内運営組織・事案決定システムの導入／提言16 職員会議をやめる／提言17 学級の崩れにはチームで対応／提言18 練習漬けの本番はやめる／提言19 行事は学級力・学校力が向上する内容に／提言20 努力する子を徹底的に褒める

あとがき─勇気を出して学校改革を進めよう

第1章

学校常識からの脱却

1　改革を阻む「学校常識」の壁

⑴ なぜ学校改革が必要か

田園地帯にある中学校の授業を参観したことがある。子どもたちは落ち着いて授業を受けていた。教師の声がはっきり通る中で、子どもたちは淡々とノートをとっていた。子どもの授業態度に問題はない。素晴らしいと感じた。しかし、疑問が沸いた。子どもの反応が少ないことである。教師が子どもに質問すると、二、三人の子が手を挙げ、その子を中心に授業が淡々と進められる。教師がそのことに満足していることが気になった。学力の数値を聞くと、課題があるとの報告を受けた。

かつてこのような授業風景は、日本のどの学校でもあった。教授型の授業である。この背景には「教える」という教師優位の発想があったと思う。保護者や社会も、元気で明るい教師の授業をよしとし、学校を誇りにしてきた時代である。教師の経験や勘だけで教育を進められた時代である。

ところがＰＩＳＡ（ＯＥＣＤ生徒の学習到達度調査）をはじめとした学力の数値が公表されると同時に、教師の一方通行的な授業はよいのか、子どもの考えは汲み取れないのか等の疑問が保護者や社会から出てきた。保護者や社会の要望に学校がついていけないことに対する不満である。学校・教師の横並び意識、画一主義、悪平等、閉鎖性、形式主義、事なかれ主義などの負の面の改善を願ったのである。世間では当たり前ではないことが学校で行われていることに対する不満がある。

学校は、このままでよいだろうか。これまでのように学校に課題が出たとき、その場対応だけでよいだろうか。多くの教育改革の内容が学校に入ってきてパンク寸前な状態を知りながら、学校改革をしなくてよいだろうか。このままでは教育本来の目的が達成できなくなるのは目に見えている。

(2) 危機を感じない学校の危機

関西地方のある首長が学校改革に猛烈な勢いで次々と施策を提言している。これまでの学校常識では考えられないような施策ばかりである。なぜ、教育外の方が提言してくるかを私なりに考えてみた。学校の危機に対処できない関係者に学校改革は任せられないという判断からきていると思う。

学校はそれだけ危機に疎いのである。かつて経験したことだが、着任した学校でいわゆる学級崩壊があった。学校崩壊に近い状態でもあった。教師間の仲はとてもよかった。子どもが落ち着かないことを子どもや家庭の責任にする体質があった。学力低下の問題も同じであった。全国学力・学習状況調査の結果がいやがおうにも教育委員会から学校に示されてくる。教育委員会は学校に対応策を求めるが、肝心の学校が熱意をもって対応策をとれなかった。目先の対応を優先し、抜本的な改革を行おうとする姿勢が教職員になかったからである。多忙感を理由にしていたのである。

学校は、施策に成果が出なかったことに反省をしてきただろうか。危機を感じながらも施策を打たない校長が、事態をそのままにしているのも事実である。教師との人間関係を優先するあまり、その場しのぎの対応をしているからである。危機を感じない学校は、自らが見えない。これが学校の危機なのである。

⑶ 子どもと向き合わない学校・教師

文部科学省は、平成一八年度に行った「教員勤務実態調査」の授業以外の業務を分析し、「授業準備・成績処理等、事務的な業務、生徒指導等、学校行事、補習、部活動等」が多いとしている。昭和四一年の調査と比較すると、時間が増えた業務は「事務的な業務、生徒指導等、保護者対応」であった。減ったものはほとんどない。

この結果を受け、中央教育審議会初等中等教育分科会（第五四回）・教育課程部会（第六一回）では、「教師が子どもと向き合う時間の確保などの教育条件の整備等」を報告している。ここでは、「学校におけるマネジメントを確立し、学校の組織力を高めることは、校内の役割分担と責任が明確になり、教師が子どもと向き合う時間が確保されるだけではなく、地域や保護者などへの対応を学校として組織的に行い、これらとの連携により学校教育活動を充実させたり、個々の教師が個別に子どもたちに対応するだけではなく、教師同士の連携と協力を強化する上でも極めて重要である」としている。

学校は、指摘されたこのことを正面から受け止めただろうか。組織を変えたり、会議を減らし、まったく新しい組織に変えなければならない時期にきているのに、できていないのではないか。その原因は、学校自身にある。変えようとする強い意志がリーダーになかったり、現状に問題を感じないので変えなくてもよいといった慢心が教職員にある。会議を減らしたり行事を見直したりすれば、多忙感が減少し、ゆとりが生まれることが分かっていても、できないのである。

(4)〝共通理解〟を重んじすぎる学校常識

一般社会の〝共通理解〟は、ある事案に意見が違った場合、ある程度は話し合うが最後は責任者の判断で決定する。学校の「共通理解」は、教職員全員で話し合い、できるだけ意見を一致させることである。

かつて年度末に数多くの職員会議をした経験がある。学校評価を毎日毎日審議し、意見集約をしたことがある。子どもを早く下校させての会議が多く、複雑な思いがしたのを覚えている。共通理解の名のもとに出された結論は、いわゆる「歩み寄りの意見一致」であった。

教職員全員で話し合うことは、よいことだと思う。しかし、スピードある決定はできない。全員での話し合いと言いながら、口調の強い意見に集約されやすい面がある。また、その事案によく通じている人の発言が多いのも特徴である。今までの学校はこうだったと言われると若手の意見は出にくい面もある。

かつての、「教師全員が平等である」といった考え方がそういう状況を生み出していると思う。組織運営や職員会議も全員で行うことが当たり前であるといった学校風土や文化である。教師に職階制ができたため、そうしたことはほとんどなくなったが、いまだに共通理解という言葉が学校現場にある。課題は「共通」に理解するより、「共有」することが大事だと思うが、学校現場での「共有化」は、まだまだ根付いていないのが現状である。

(5) 不干渉文化の学校常識

私は、他の職業から転職し教職に就いた。その時驚いたのは、教師個人の仕事が保障されていることであった。多くの職業はチームで動くことが多い。だが教職は一人ひとりに仕事が任されている。落ち着いて仕事ができるのはよいが、マイナスな面もある。チームで動くのが難しいのである。

小学校だけでなく多くの学校の学級担任は、学級という職場が保障されている。「個業性」がある。そのため学級意識が強い。よい面もあるが、自分の学級は自分で仕切るので他人からは干渉されたくないといった意識が強い。逆に他の学級のことも干渉しない面がある。これが教師間の常識である。私自身も学級担任を経験し、難しい問題を一人で処理してきた。教師間の「困った時はみんなで助け合って」は、絶対にないと経験から分かっていたからである。こうした経験を多くの学級担任がしているため、自己防御姿勢が強いのかもしれない。

(6) 学校の事情を優先する学校常識

台風が接近する時、これまでは学校裁量で「休校」を判断することが多かった。しかし、企業は休まない、保育所は通常通りという中で、これまで通りの学校判断でよいか迷ったことがある。ある年度に台風が接近した折、教育委員会からの指示は学校判断だった。そこで思い切って家庭の判断に任せることにした。保護者が責任をもち登校させることを条件にすると多くの家庭が子どもを学校に送り出してくれた。働いている保護者から、「先生、勤務先に夫婦とも行くことができ助かりました」という声を掛けられた。学校が保護者に指示することも大事だが保護者の願いを聞くことも重要であることを学んだ。

台風情報は、刻々と学校や家庭に入ってくる。子どもたちを受け入れるかどうかの学校判断は、もはや過去のものである。年度初めに、災害で登校させるかどうかは保護者判断でと連絡していれば何ら問題はない。教師が学校に来られないので登校させないというのは、保護者には通じない。学校優位的な考えを再考する時期である。

教師の研究会があるたびに、「先生たちが研究会に行きますから」「研究授業がありますから」という理由で子どもを早く帰すことがある。この理屈も通じるであろうか。保護者は、朝、登校した子どもが定時に帰ってくると思っている。子どもを早く帰すと、仕事を早く切り上げ帰宅する保護者もいる。それでよいだろうか。また、給食があるのに四時間授業で子どもを帰していいだろうか。

給食があるということは、五時間目もあると解釈するのが普通である。

(7) 狭い教師の考え方

管理職として赴任した学校で保護者から強い依頼を受けたことがある。運動会でなぜ我が子と一緒に昼食をとれないのか、子どもと一緒に昼食を楽しみにしてきたのにそれができないのは納得がいかない等の質問である。

こうしたことは都市部の学校が多い。保護者が来られない子どもがかわいそうだから保護者と一緒の昼食は行わないという論理である。運動会に来られない保護者もいるのは事実である。昔も同じである。そうした時は、近所の方が面倒を見てくれた。何も問題は起きなかった。保護者の願いに応えるのが学校であるはずだが、教師の狭い考え方が判断を間違えさせていると思う。何でも学校が決める、教師の狭い考え方を変えなければならない。

(8) 内輪の論理で進める学校

多くの学校が、外部の教育力を取り入れているが、十分に取り込めているのは一部の学校にしか過ぎない。地域との連携が重要であるとしながらも、学校運営までの協力者は求めていない。そのため教師だけで学校を動かす仕組みがまだ続いている。

連携は重要としながらも、結局は行事に招待したり、学校評議員と同じく学校事情を説明したりするだけに終わっている。連携とは程遠いのである。学校は教師だけで動かすものと思い込んでいないだろうか。地域にお願い事があるときだけお願いするという論理が働いていないだろうか。

学校はいろいろな指導者や協力者がいて動く。地域に教科指導の得意な方がいれば迎えればいい。運動会で教師が忙しければスタッフに迎えればいい。テストの採点に手が回らなければ協力を仰ぐといい。こうしたことがなぜかできない。

⑼ マニュアルで進める危機対応

東日本の大きな災害は、学校関係者の一人として深く考えさせられた。これまで学校の危機対応に疑問をもっていたからである。大きな災害を予想し、各小学校では地域別の班を組み下校させることが多い。年に一、二回の下校訓練、それも子どもが地域班で初めて顔合わせする下校訓練である。そこでの問題は、班編成や点呼に相当な時間を費やしていることである。マニュアル通りで進めるからである。危機が迫っている時にそのように悠長に構えていては子どもの安全は守れないと思う。

集団登校訓練をしている学校は、ほとんどない。ここに課題がある。朝、一緒に登校してきた子ども同士で短時間のうちに下校させればよいのだが、それができないのである。訓練のための訓練をなぜ続けるのだろうか。

⑽ 形だけの情報交換

どの学校でも児童・生徒理解が大切と考え、一学期に情報交換をすることが多い。この情報交換が本当に必要だろうか。みんなで指導することが重要との教師特有の考え方が背景にある。共通理解のために開くとされているが、形だけにすぎない。

情報交換が適正に行われれば、子どもたちの問題行動は少なくなる。教師同士が協力し合えば解決するのは間違いないことである。ところが現実は、うまくいかない。うまくいかないのを毎年続けているのは慣習にしかすぎない。子どもを早く帰してまで行うことであろうか。

形式的な情報交換を止め、気になる子の指導がうまくいった例や失敗した事例を紹介するような会にすればよいが、それができない。

⑾ その場対応だけの指導

子どもたちが落ち着かなくなり、全職員で学級をてこ入れすることがある。全職員が協力しているように思われるが、その場対応にしか過ぎない。教師間の協力し合ってという論理がそうさせているからである。

子どもが落ち着かないのは、子どもの行動の問題なのか、担任の指導の在り方に問題があるのかをしっかり見極めなければならない。ところが、学校では保護者のしつけや子どもの問題行動に責任を転嫁することが多い。「親が悪い、子が悪い」の論理が続く限り、子どもの問題行動はおさまらないのである。また、小手先のその場だけの対応を続けていくようでは何も解決はできない。

⑿「早帰り」の学校常識

退職後、私学に勤務している。私学のよさは徹底的に保護者の願いを受け入れていることである。子どもの在校時間は、できるだけ長くしている。子どもたち同士の人間関係を育てる願いもある。

小学校に入学する前の三月、幼稚園や保育所は二時頃まで在園させている。学校に入学した途端「早帰り」をさせる学校がある。かつての学校優位の常識がまだ働いている。働く保護者が多くなっている中で、学校論理を通してよいだろうか。働く保護者を応援することからも、入学当初から幼稚園や保育園並みの在校時間にしていないのはなぜだろうか。土曜日の授業も行われようとしている中では、決して「早帰り」は許されない。

また、教師の親切心が先に走り、物分かりがよすぎる教師がいる。いわゆる迎合型の教師である。迎合しすぎると子どもたちは自立できない。自ら考え行動する子は育たない。

⒀子どもと遊ばない教師

英国の教育視察団が来校し、勤務校の教師が休み時間に子どもと遊ぶのを見て驚嘆したことがあった。日本の教育のすばらしさを学んだようだ。小学校教師であれば、ごく当たり前のことであるが、現在はそうした姿を見る機会が減った。

なぜ遊べなくなったのだろう。多くの教育内容や事務が入ってきてそれどころではないというのが教師の本音であろう。確かに理由の一つであるが、学校のリニューアルを行っていないからである。ゆとりが欲しいと教育現場では言うが、学校・教師自身がスリム化に取り組んでいない。今の学校体制を変えない限り、子どもとは遊べないことに気付くことである。

⒁二学期制だけでは改革は進まない

学校には様々な課題が山積している。かつて勤務していた学校にも大きな課題があった。その解決策として二学期制の導入を教育委員会から求められた。二学期制の趣旨は、前回の学習指導要領（平成一〇年版）の趣旨とも大きく関連している。子どもも教師もゆとりの中で学習して欲しいことが導入の背景であったと思う。子どもたちに時間的なゆとり、心のゆとり、考えるゆとりを確保してあげることは学校・教師の責務である。学習指導要領がどんなに変わっても貫かなければならないことの一つである。ゆとりがあればこそ、子どもたちは教師とのふれあいができる。

しかし、現実にできただろうか。真剣にゆとりと充実のための方法を生み出しただろうか。各機関から指導を受けたからというだけで進めてこなかっただろうか。

ある学校の例だが、学期が少なくなったことで、評価も少なくした学校がある。その分、ゆとりの中で子どもと向き合う時間ができるはずだが、従来の学校運営方針を貫いたため、ゆとりの時間を生み出せなかった。学校独自の抜本的な教育改革ができなかったからである。それは、変えたくない、従来からやってきた方法でよいからという考え方が学校にあったからである。大きく制度が変わることをチャンスとして取り組んだ学校がどれだけあるだろうか。

⒂ 校長は「上がり」か

現在、縁があって私立学校法人に勤務している。勤務の厳しさは分かっていたが、これほど厳しいとは思わなかった。子どもの満足のために私立学校の職員は、日々努力している。子どもが来なくなったら学校は終わりである。そのため、あの手この手で子どもの確保をどの学校でも行っているのが私学の現状である。

義務教育の公立学校は、努力しなくても子どもは入学してくる。そのため倒産する心配はない。学校教育を自然に行っていればよいのである。ここに危機が生まれる。学校が地域住民から選ばれるようになりたいという意識が足りないのである。この原因の大元には校長の学校経営のスタンスの問題がある。講演で全国を回り、主催者から依頼されることは、「校長の危機意識を高めて欲しい」「動き方を指導して欲しい」等である。このことから分かる。

多くの校長は、真面目である。だが、学校改革へまっすぐという校長は少ない。校長になったので大過なくという考えの校長もいる。教師や教育委員会との関係を重視するあまり、思い切った施策が打てないのである。

２　変われない教育課程

(1) 機能しないＰＤＣＡマネジメントサイクル教育課程

学校評価の方法が国で整備され、学校の教育課程は、計画（Ｐ）、実施（Ｄ）、評価（Ｃ）、改善（Ａ）のマネジメントサイクルが定番となった。「学校経営計画」がその主たるものである。中長期的な視点で目指す学校像を明らかにし、当該年度の学習や生活等の指導面、学校運営面での目標達成の具体的方策と数値目標を示し、教育課程を進行させるものである。

その学校経営計画のＰＤＣＡサイクル自体には問題はない。しかし、今の学校の教育課程をそのまま実施するとかなり問題がある。評価（Ｃ）と改善（Ａ）が弱く、形だけのＰＤＣＡサイクルになっているからである。年度の途中で実践した教育課程の内容が、その後の教育課程の実施につながらない。研究授業では、その都度、評価を行い改善策を見つけようとしているが、教育課程ではそうではないのが現状である。

(2)「四月から三月」にこだわる教育課程

日本の学校の一年は、四月に始まり三月に終わる。三、四月は卒業式、入学式、次年度の教育課程編成、学級事務、人事異動が集中する多忙な時期である。特に四月は、新しく担任した子どもたちと向き合い、集団づくりや学級づくりを行う重要な時期だ。

「四月から三月」の教育課程は仕方がないとして、そこに教師の多忙対策があるだろうか。四月の子どもと向き合うとても大切な時期に、職員会議、企画会議、特別委員会、役決めの会議等に時間を費やしてこなかっただろうか。新任教師や転入の教師が学校に慣れないうちに授業外のことに惑わされれば大きな課題が出てくる。

毎年、こうしたことが分かっているのに対策を講じてこなかったのが学校の現状である。やはりこれも、従来の学校常識にこだわっていたからである。会議、会議と子どもより大人の論理を優先する学校常識があったからである。四月は子どもたちにとって新しい友や先生との出会いがある。環境の変化に戸惑いが多かれ少なかれ、ある中で寄り添ってあげることができないのが今の学校である。

(3) 全体練習・リハーサルに励む学校行事

日本の学校行事は、全体練習・リハーサルの時間が多い。これが当たり前となっている。保護者へ出来栄えを見せようとするあまり、全体練習が多くなる。昔からやってきたから、努力の結晶を紹介したいからという論理である。そのため、学校行事を行うために特別時間割をためらわず組むことが多い。学力の向上、健全育成が大事だと言いながら授業時間、それも教科学習の時間を削っている。結果として土曜休業日の授業が出てくる。

学校行事は、全体練習をするのが当たり前ということに疑問を持ったことがあるだろうか。運動会ではリハーサルを実施するため、かけっこは本番で走る前から順位が決まっていることも珍しくない。本番はどうなるか分からないという期待を子どもたちに持たせるには、全体練習やリハーサルを極力抑えなければならないが、それができない。特別時程がおかしいと考える管理職や教師があまりにも少ない。

⑷ 年度末作成の年間指導計画作成は見切り発車

年間指導計画は、果たして十分吟味された計画であろうか。年度末の多忙な時期に作成されるため、極めて不十分なものになっている。教育委員会から提出を求められるので、とりあえず出しておこうとしているだけではないだろうか。

年間指導計画は、教育課程の編成と同じようにいわゆる学校の心臓に当たる。教育課程の編成に合わせて作成される年間の指導目標、指導内容、指導の順序、指導方法、使用教材、指導配当時間などを定めた具体的な計画である。その計画が、大抵の学校では極めて短期間のうちに作成されている。

短期間では到底作成できるものではないが、不思議なことに出来上がっている。教育委員会から提出を求められるため、例年通りで済ませているからである。学校の中心核に当たる年間指導計画は、時間を十分にかけ、教職員が学び合い、総意の中で作成していかなければならないが、それができない。年度末や年度初めは、学級担任にとって極めて大事な時期である。そもそも極めて大事なことを、この時期にこなそうとすることに無理がある。子ども中心に考えれば、年間指導計画づくりの時期に工夫を加えることもできるはずである。

(5) 遅すぎる年度末作成の教育課程

教育課程の編成項目は、各教科、道徳、特別活動、総合的な学習の時間における指導計画等である。評価するための資料を収集し、問題点を発見し、その主たる原因と背景をとらえながら改善策を作成し実施していかなければならない。

そのために最も大事なことは事前準備である。調査・研究の時間を十分とることが大切である。ところが年間指導計画と同様、年度末に作成されるため時間をかけられないのが現実である。ここに問題点がある。教育委員会へ提出しなければならない時期が年度末であるのは仕方がないことだが、この時期に作成して十分な内容となるだろうか。

また、作成方法にも課題がある。多くの学校は、学校評価や教職員・子どもたちのアンケートを分析し、担当が改善策を提示している形式をとっている。担当一人が改善策をまとめることが多い。ワークショップ協議のように改善策を全職員が出す方式をとっていないため内容が十分なものとならないことが多い。

(6) 精選できない学校行事

子どもたちが落ち着かないことは、教師の落ち着きがないことと比例している。この背景の一つに、行事の精選がなされていないことがある。学習指導要領が変わり、教科指導の充実を行わなければならない時期に、過去の行事を精選せず続けている学校がある。よいことだと考え、続けていると思われるが、子どもや教師のゆとりをなくしているのは間違いない。

それも子どもたちが育つような行事であればよいが、こなすだけの行事となっている。また、一つの行事に多くの時間を費やすような内容になっており、子どもたちには苦痛になっているものも少なくない。

(7) 教師満足の学校行事

学習指導要領は、「子どもが自ら」が大きな柱である。この趣旨を学校、とりわけ指導者が理解しているだろうか。一部では、「こなすだけの学校行事」「教師中心型の学校行事」となっている。

一つの例だが、運動会の表現運動では、教師のいわゆる「やらせ」が多い。教師が研修会で覚えてきたことを、子どもに教え込む方法である。体育の時間、教師が壇上から指導する姿が日本の運動会の現状である。運動会終了後の反省会では、指導者の独演会となる。

問題は、完成度やスピードを求めるあまり子どもが自ら工夫する点がないことである。自ら考え、判断し、選択して表現活動に取り組むことがない。この運動会に代表されるように多くの学校行事が教師中心となっているからである。

(8) 価値ある行事ではない

学校の行事は、本当に価値があるか疑問を持たざるを得ないものがある。子どもから出た発想ではなく教師の考えから出たものが多い。子どもたちの成長につながるものであればよいが、以前からやっているからということで続けているものが多い。子どもたちの育った今の環境とかけ離れたものも多い。

「異学年遊び」がその一つである。上級生が指揮し、一緒に遊ぶ集会や行事である。上級生が育ち、下学年は協力したり楽しむといった論理である。遊ぶことが本当に価値があるだろうか。普段の遊びの中で可能なことを教育課程であえて行う必要はないが、続けているのが現状である。

また、地域行事を学校に持ち込むのも課題である。地域には子どもを迎えての行事がたくさんある。だが、地域と同じ内容の学校行事をなぜか行っている。それが学校のスリム化につながっていないのである。

(9) 形だけの学校評価

学校評価で学校は変わるだろか。学校が変わって欲しいために整備された学校評価制度だが、現状では難しいと思う。平成一八年三月に文部科学省は「義務教育諸学校における学校評価ガイドライン」を策定した。学校の自己評価、外部評価、評価内容の公表等を実施し、信頼される開かれた学校や教育の質の向上を目指すのがねらいである。すばらしい制度ができたと思っている。

学校はこの制度により、学校運営を進めなければならないが、なかなかできないのが現状である。保護者からの評価を公表し、開かれた学校評価にしなければならないが、形だけに終わっている。それは、学校が抱える問題点を評価項目にしていないからである。学校や教職員の体裁を繕うような評価項目が多いのが課題である。

(10) 保護者より学校の都合を優先する教育課程

授業参観の時間を、○月○日の○校時と設定したことがある。午後は学校事情があったためそうしたが、保護者から「参観者が多くて教室に入れない」と苦情を言われ、「しまった」と思った。学校の事情を優先したからである。個人面談もどの学校も実施している。ほぼ年度当初には決まっている。勤めを休めない保護者からすると、早めに日時を連絡して欲しいと願っている。これが学校には伝わらないのである。何週間か前に連絡をすればよいという学校論理である。

学校行事を年度当初に詳しくお知らせすることは何ら問題はない。目先の多忙の解決を優先する今の学校システムでは、保護者の願いに応えることはできない。保護者には申し訳ないけれど学校に来校していただくという論理が働かないからである。

⑾ 子どもが登校している中での職員朝会

学校は会議が多い。子どもが登校している中で職員朝会を行う学校がある。長年やってきたからやっているというのが実態であろう。職員朝会は、子どもが登校してくる前に行えば問題はないが、そうではないのが現状である。

職員朝会を行うことにはいくつか課題がある。子どもが登校している時はすでに学校管理下に入っている。職員朝会中に学級で事故が起きたらどうするのだろう。厳しく責任を追及されるのは間違いない。また、子どもとのふれあいができないこともある。渋々登校して来る子どももいる。家庭で何かがあり、そのことを引きずりながら登校してくる子どももいる。そうした子どもへの対応ができない。特別に補習授業をしたい教師もいるだろう。子どもと心を通わせたい教師もいると思う。こうしたことができないのである。

職員朝会を行うことは道義的に許されないと思うが、そのことに気付かないのはなぜだろうか。子どもが大事であるという論理を多くの教師が言うが、子どもとのふれあいより、大人同士の職員朝会を優先するのは矛盾しているのではないだろうか。

⑿ リズムに乗れない月曜朝の校長講話

月曜朝会の校長講話が重要であるといわれる。そうであろうか。校長の考えや理念を子どもに伝える機会は月曜朝会だけではない。日々の子どもへの接し方や行事での話でも伝わる。改まって月曜日の朝に講話を行わなくてもできる。

これまで月曜朝会を何気なく行ってきたが学校をリニューアルする中で疑問が出てきた。月曜の朝は、週の初めである。ゆっくり教科学習に入りたい日だ。ところが月曜の朝、校長講話があると慌ただしい。校長の話が長くなると教科学習の時間まで影響してくる。結局は子どもも教師もエネルギーを使い果たすことになる。学校のスリム化やゆとりに合わせるなら、休み時間や放課後に行えばよい。

⒀ 土曜休業日に授業に走る学校

学習指導要領が改訂され、授業時数が増えた。授業時数が増え、子どもも教師もじっくり授業に向き合うことができるようになるはずである。ところが授業時数の確保が難しいと考え、土曜休業日に補習等の授業をする学校が出てきた。中には教育委員会の指導で月二回の土曜休業日の授業を行う学校が出てきた。

何のために土曜休業日を決めたのだろう。子どもがゆっくりした中で生き方を見つけていくのが目標ではなかったのではないか。いとも簡単に土曜授業日に授業を復活しているのは、大人優位、学校優位の発想があるからである。土曜休業日を子どもや家庭に約束した責任は誰がとるのだろう。新学習指導要領で授業時数が増えることは、数年前から分かっていた。それなりの対応をしなければならなかったが、やってこなかったことが土曜休業日の授業の再開になったと思う。

土曜休業日に授業を行わざるを得ないのは、長期休業中に実施すればよい家庭訪問や個人面談や生徒指導全体会等を授業カットしてまで行っているからである。研究授業も該当の学級だけ一時間増やして行えばよいのだが、全校四時間で帰宅させ実施している。これでは授業時数の確保は難しい。これまでの教育課程をすべて見直さない限り、土曜休業日の授業が出てくるのは当然である。

⒁ 子どものよさだけを記入する通知表は本物か

絶対評価を重視する指導要録は、子どものよい所や可能性、進歩の状況などを評価する個人内評価を工夫した表簿である。子ども一人ひとりのよさを指導者に発見して欲しいという願いもある。個を伸ばす上ではとてもよい表簿である。

通知表は、子どもたちにとって励みになるものでなければならない。現状はそうであろうか。指導要録と同じように通知表も絶対評価を重視している。そのため甘すぎる内容が多い。「すばらしい、すばらしい」という所見では子どもを伸ばせないと思う。

どの子にも成果や課題はある。ワークショップ会議の手法のように、成果、課題、改善策をきちんと書けば信頼は得られると思うが、そうではないのが現状である。通知表を渡すタイミングにしても、授業最終日に渡す必要はない。終業式前日に渡し、最終登校日には保護者や子どもの質問に答えるような学校であって欲しい。渡して終わりという姿勢が学校にある。

3　学力向上に向かわない学校常識

(1) 教科学習のカット体質

子どもの指導あっての学校である。学力に課題のある子どもには分かるまで付き合い、健全育成に課題のある子どもには時間をかけて向き合うことは当たり前のことである。ところがこの当たり前のことができていない。大人の関係を優先する会議、子どもが在校している中での打ち合わせ等、一般社会では考えられないことが学校で行われている。

また、教科学習をカットしての行事の開催が学力の向上に影響を与えていることも前述した通りである。運動会や文化祭、卒業式等の儀式等においてリハーサルが多いのが学校の現状である。また、運動会に見られるように特別時程を組む場合もある。そのため、バランスのとれた教科学習が組めず、基礎的な学習指導もできないのである。教科学習をカットしてまでの学校行事はまったく無意味である。教師主導の行事とリハーサルが続く限り学力の向上は期待できない。

(2) 授業の改善策をつくるだけの学力向上対策

学力向上を図る調査が毎年ある。莫大な費用をかけての調査である。この調査が本当に役立っているだろうか。多くの学校は調査結果から対策を練っているが、有効に活用していない学校も少なくない。教育委員会から授業の改善策を求められるので、仕方なく出している学校があるからである。

その原因はいくつかある。日々の教育課程の推進に追われ、それどころではないという学校の現状がある。また、調査結果を他人事のように考える教師もいる。調査結果は、自分の学級とは関係ないという教師がおり、組織を挙げて改善しようとする意識がないのである。こうしたことから、昨年と同じような授業の改善策でよいということに落ち着くのである。こうした改善策を受け取る教育委員会にも課題がある。授業の改善策を作成すれば学力が伸びると思い込んでいないだろうか。確かに授業を変えれば学力は向上する。しかし、結果は思うようには上がらない。教科別の数値を分析し、落ち込んでいる分野を上げるための授業改善対策だからである。この方策は、日本全国で行われているが効果は疑問である。

(3) カリキュラムマネジメントからの対策がない

カリキュラムマネジメントの大きな要素から学力の向上を考えると、日々の授業、校内研修、学校運営、家庭との連携、教育委員会等との連携が重要である。この視点から学力向上を図っているだろうか。多くの学校がこの見地から学力向上に取り組んでいないのが現実である。一部の分野の対策で済ませているからである。

学力向上のためには、日々の授業改善だけではなく、校内研究との「連動」が大切である。とりわけ学力の数値を分析した校内研究が重要であるが、ほとんどの学校が取り組んでいない実態がある。そのため、校内研究の成果が学力向上策に出てこない。校内研究と学力向上は別なものととらえているからである。

⑷　学力低下に危機意識のないリーダー

学力が向上していなくても学校が壊れることはない。日々の教育課程をこなしているだけでも学校は成り立つ。学力向上に熱意を示さなくてもリーダーは困らないのである。だから危機意識がなくても学校のリーダーは続けられる。

ところが学力の数値が公表される時代である。この数値に敏感にならなくてはならないはずだが、仕方ないことだと受け止めるリーダーがいる。そうしたリーダーは、学力が向上する時は子どもが落ち着いている。学力の向上と子どもの健全育成は連動していることに気付いていない。

4　実らない校内研究

(1) 授業のツボを教えない授業研究

研究授業を行っても教師の授業力が向上しないのはなぜだろうか。子どもの動かし方を研究していないからである。

家には土台がある。土台の上に柱や壁がある。その土台が授業の基礎である。子どもの動かし方である。学習指導要領の内容や専門的な知識は、土台部分があってこそ伝えることができる。これまで教科の専門的な内容が重要と考え、授業の土台部分の指導に力を入れることが少なかった。授業の善し悪しは、土台がしっかりしているかどうかで決まる。私は、その土台を、「問題解決学習」「集団解決学びの仕方」等ととらえてきた。すなわち、集団解決の学びの中で子どもたち同士のやり取りができるかどうかである。そこが授業のツボである。その授業のツボをこれまで教師、子どもに指導してこなかったのが多くの学校の実態である。一単位時間内での子ども自身の動きをマスターさせれば、授業は成功するはずである。

(2) 活用型の授業ではない授業

何げない日常会話は、相手に分かるように話し、相手の言い分を聞きながらのコミュニケーションである。授業になると、どうしてできないのだろう。

教科学習の課題を子どもが自ら考え、自ら追究し、それを周囲の人に説明していくのが授業である。子どもがこの当たり前のことができないのは、教師の指導の在り方に問題がある。教師が教え込むことに原因はあるが、何よりも活用型の授業そのものを知らない教師が多い。

授業の中で子どもが表現する方法を教えているだろうか。解決のヒントは学習指導要領にあるが熟読している教師はどれだけいるだろうか。

(3) 学習指導要領の理念が浸透しきれていない

校内研究を進めていくための材料として学習指導要領がある。学年で習得すべき内容が記載されている。極めて重視しなければならない内容である。ところが、学習指導要領から研究を進めなくてはならないのに、そうではない教育現場を数多く見てきた。

教科学習のねらいは見るが、学習指導要領の理念をおろそかにしている教師もいる。そのため、他学年との関係がつかめないのである。また、学習指導要領で重要なことの一つに言語活動がある。話す、聞く、読む、調べる等の内容である。そうした言語活動を発達段階に応じて指導する内容も示されている。ところが校内研究で十分に吟味されていないため、学ぶ当事者である子どもたちに言語力の重要性を十分に伝えていないことが多い。

学習指導要領が浸透しきれない一番の理由は、学習指導案に内容を記載することを義務化していなかったり、研究協議会で協議しないからである。あいまいな校内研究となるのは、学習指導要領と離れるからである。

(4) 共通理解が先行する校内研究

校内研究は、学校の進路を左右する。教師に意欲がなくても、自校の学校課題を解決するために研究を進めていく必要がある。その校内研究がうまく進行しないのは、学校自身にある。教師同士が何もかも共通理解で決める研究姿勢がある。研究目標、目指す子ども像、研究方法等、教師全員が納得する形でないと研究が始まらないのである。また、共通理解を重視するあまり、研究内容が遅々として進まない。そのため、教師の研究への士気も低下する。

研究を先に走っている教師に合わせるような姿勢が欲しいがそれができない。人間関係に配慮をし過ぎたり、形だけの校内研究でよしとする考えを変えない限り、校内研究は前には進まない。

(5) 手引書のない研究

指導技術を学び合う校内研究は、日本中のどの学校でも行われている。だが順調にいかないのはなぜだろう。一部の教師に苦痛になる研究授業がなぜ行われているのだろう。研究が好きな教師が少ないのはなぜだろう。それは授業者に丸投げの指導案作成、形だけの研究授業、日常の授業と連動しない研究協議会等、こうした研究が行われているからである。

多くの教師が研究の重要さは分かっている。それが教師の職務であることも分かっている。その校内研究が低調なのは、学校自体に研究の蓄積がないからである。また、研究の手引書が校内に確立されていないからである。

(6) 意見交換ができない研究協議会

研究授業の後、研究協議会を行うことが多い。この研究協議会の在り方が問題である。活発な意見交換となっていないのである。授業者の自評を聞き協議をするが全体のものとなっていない。また、一部の参加者の意見で進められることも多い。そのため、意見が出ず、司会者が感想でもと促す時もある。

この原因は、参加者が意見を出す仕組みが出来ていないからである。授業者、学年からの提案、協議、講師の話とプログラムは組まれているが、参加者は聞くだけの受け身が多い。何を視点として話し合えばよいかも明確に示されていない。

また、意見交換があっても褒め合うことで終わることが多い。校内研究が形だけとなっている典型的な例である。教師同士に不干渉姿勢があるため、研究協議会では褒め合うことが多くなるのが原因である。研究協議が授業の成果のみを交流し合う学校が多いことからも分かる。研究協議会は、授業の改善策をまとめる会である。その会が、褒め合う意見交流会でよいだろうか。

(7) 授業で勝負しない研究発表会

研究発表会のねらいは、自校の課題を解決するために研究したことを、授業を通して外部の方に紹介することである。ところが授業で勝負しない研究発表会が多い。研究発表会が、ショーになっているからである。研究会後にがっかりして帰る参加者が多いことからも分かる。

体育館での研究理論や講演会は立派だが、授業がパッとしないのはなぜだろうか。この根底には、開催することに意義があると考えている学校や行政の実態があると思う。主催者満足型が多いからである。対外的に学校が認知されればよいというところからもきていると思われる。

研究会は、子どもの変容を見せる場である。どうやって子どもたちが変容していったのかを紹介し、議論する場でなければならないがそれがない。主催者と参加者が話し合い、議論を深める場となっていないからである。一方通行的な運営方法を改める必要がある。

(8)「五〇の手習い」のない学校

ベテランの教師が研究授業を避けることも珍しくない。若手に研究授業を押し付けることも見てきた。ベテランの教師は、今更という思いが強いため研究授業を避けているかもしれない。管理職にすれば、ベテランの教師に授業力がないので学校全体が変われない、教師に悪影響を与えるなどと思い込んでいる面もあるのではないか。

ベテランの教師が早いうちから授業について学んでいれば授業力は確実についたはずである。それをしなかったのは、ベテランの教師への助言が少なかったのではないだろうか。自主性に任せ過ぎたのではないだろうか。

力量のないベテランの教師は、「望ましい授業」について学んでこなかっただけのことである。こうしたことの対策を講じている学校はあまりにも少ない。「五〇の手習い」を実施している学校は少ないのである。

(9) 研究授業に参加できない子ども・保護者

研究授業は、大人だけのものであろうか。これまでの学校常識であれば、教師や参観者である大人だけのものである。授業者が指導案を立て、関係者が指導案を練り合い、教師全体で協議することが常識であるという論理からきている。子どもや保護者が授業の組立てを知る必要がない、こうしたことが教師の根底にあると思われる。

授業とは、授業者と子どもとの共同作業である。子どもの協力なしには研究授業はできない。子どもが授業の組立てを知っていれば授業者の意図もすぐ分かる。また、子どもたち自身が課題を練り上げていく方法を普段から身に付けていれば、より豊かな学びができるはずである。

保護者も同じである。研究授業は、教師が最高の授業の場を提供する場であるが、これまで保護者に公開してこなかった。その原因は、研究授業＝教師という論理から抜けきれないからである。研究授業は、第二の授業参観日でもあるはずだが、なぜか保護者が参観ができない日が続いている。

5　人材育成ができない学校組織

(1) 人材育成組織が不十分

校内研修や初任者研修等があれば人材育成ができると思い込んでいないだろうか。校内研修は、授業のノウハウを学ぶ場である。その研修が充実していればよいが、多くの学校には課題が多い。

初任者研修においても指導者一人にゆだねられている。そのため新人教師の育ちに大きな影響が出ている。指導内容や推進方法が指導担当者に任され過ぎているのが原因である。また、若手や中堅教師育成が組織化されていないのが現状もある。何よりも人材育成担当部署がないからである。会社に「人事課」があるように、学校にも人材育成システムが必要である。

(2) 大量退職・大量採用をマイナスととらえる学校

近年、ＯＪＴの重要性が指摘され、学校でもその充実が行われるようになった。教師の育成が急務であるという論理からきている。そのＯＪＴの重要性の一つに近年の大量退職・大量採用が上げられることが多い。そこでは、大量退職・大量採用がもたらす影響をマイナスととらえている。果たしてそうであろうか。

管理職を経験し、いつも悩まされたのは教師の管理であった。子どもの教育に没頭したかったが教師の指導に追われることが多かった。若手教師が増えれば、育成に時間がとられるとか、社会常識から教えなくてはならないという論理を主張する教師もいるが、そうではない。教師育成システムが動いていないだけの話である。若手教師をうまく育てれば学校の戦力はむしろ上がると思うが、若手＝未熟という考え方が根強い。大量退職・大量採用を、チャンスととらえていないからである。

(3) ベテラン重視型の硬直した運営組織

学校には、主任・主幹等の中堅やベテランの教師がいる。学校の中枢を担う仕事を行っているところが学校運営を担う中堅教師が育っていない現状がある。従来からの教育を続けることのみに固執する考えがあるからである。そのため、学習指導要領が変わっても変わらない学校となっている。

教師の年齢に応じた学校運営組織にこだわっていないだろうか。教師として力があるかどうかは年齢は関係がないが、若手という理由だけで運営組織の責任者に据えなかったのが学校である。若手を生かせば学校は勢いつくはずだがそれができていない。年齢に関係なく組織の運営を担う人物を見つけられるかが校長に問われているが、ベテラン重視型の人選で終えているのが現状である。

(4) 社会常識を教えることに躊躇

教師になった時は、誰しも失敗だらけの日々が続く。それが当たり前である。そうした教師に即戦力を期待するため、授業力や学級経営力の研修をさせることが多い。人としてのマナーなど後回しにすることが多い。そのため、若手を追い込むようなことがある。新人教師の資質を問うような発言がベテラン教師から出てくることも珍しくない。

その原因は、社会常識は分かっているから、あえて指導しなくてもよいという考え方が学校にある。保護者との接し方や学校組織人としての生き方等、丁寧に指導しなくてはならないがそれができないのである。指導したことができなければ強く指導しなければならないが、それも躊躇しているのが学校である。社会常識を教えていないのである。

(5) 危機管理が甘い

教師や学校の責任が問われることがあっても数年すれば忘れ去られる。しかし、また同じことが起きる。教育行政においても重要なことが起きれば、学校に通達を出す仕組みがある。これを永く受け止める仕組みがないから一過性に終わることが多い。学校は危機管理に甘いのである。

人材育成のためのＯＪＴ組織の構築や運営方法も教育行政から出され、学校はそれなりの体制をとったと思うが、機能しているだろうか。多くは機能していない。行政からやらされるのではなく、学校自身が自ら受け止める仕組みがないと、その場だけに終わる。ＯＪＴ推進の具体的な方法を確立することが学校に求められている。

また、各学校のＯＪＴ運営の課題は、縦割り組織になっている。縦割りのため、研修が割り当てられた日のみの研修だけに終わっている。人材育成は、日々にある。指導者は気付いたことをその場で指導し、学ぶ教師はそれを受け止めるような機会となっていない。

⑹ リーダーシップ不足

学校を統率できないのは、校長のリーダーシップに課題がある。校長にとって最も大事な資質は、職員に言いにくいことが言えるかどうかである。校長職を経験し、多くの管理職を見たり育ててきたが、そうしたリーダーはほとんどいなかった。

物分かりがよい方が職員がついてくるという考え方からであろう。そのため、職員にダメなものはダメと言えないのである。いつも職員の考えを配慮するため、学校改革は遅々として進まない。それどころか学校課題を残したまま任期を終えることになる。

校長職は、自分の担う仕事に自信をもち、常に学校改革を行うのが職である。過去の教育から新しい教育に取り組む仕事であるはずだが、現状をよしとする校長が多い。ダメなことはダメと言えない校長があまりにも多い。学校改革へ一直線な校長でありたい。

●第2章

私が取り組んだ日本一の学校づくりへの挑戦

1　運営組織改革（改革初期）

⑴　改革前夜—赴任直後に目にした学校の現状—

どの学校でもあることだが、子どもの問題行動が多発していた。校外の会合で学校の課題を指摘されることが多く、悩むことが多かった。子どもたちの度を過ぎた行動を抑えても、次から次に解決しなければならないことが出てきた。いじめの問題も保護者から指摘され、小手先の改革ではすまないと考えた。

次の三つの資料を見ると当時の様子がよく分かる。

資料１　静かな学校にするための〈生活のきまり〉「○○しない」一二か条

①火遊びをしない　②らくがきをしない　③廊下を走らない　④学校で飴やガムを食べない　⑤暴力（なぐる、ける）をしない　⑥窓から外に向かって大声を出さない　⑦宿題を忘れない　⑧遅刻をしない（朝は八時二〇分までに来る）　⑨茶髪にしない（髪の毛を茶色にし

ない）⑩万引きをしない（お店の物や人の物をだまって持って来ない）⑪エアガンで人を撃たない　⑫化粧をしない　＊これらのことを守って楽しい学校生活を送りましょう。

資料2　毎日指導実践レポート（生徒指導で全職員がレポートを書いている）

一〇年前には戻らない

平成××年七月　A教諭

職員は、今の学校のことしか知らないだろう。やることが多くて忙しいと思っているかもしれない。昔の学校を知るのは私一人になってしまったのではないだろうか。あえて、ここで、書きとめておきたい。

ガラスの破損が絶えないなど生徒指導に追われる

昇降口・体育館のガラスがよく割られていた。ひどい時は、子どもが自ら足でけやぶるということもあった。指導しても指導しても繰り返された。万引き、盗難、落書きなど様々な問題が毎日のように起こっていた。警察に行ったり、個人面談を繰り返すなど、そういう面で学級担任は忙しかった。

全校が集まる時に、私語が絶えない

とにかくうるさかった。しかし、そのまま、集会・朝会は進行されていた。私は、高学年担任であったが、強く指導をしても男子の何人かは指導が入らなかった。指導は、担任の責任であったので一人奮闘したが、力が及ばなかった。

学習指導に工夫がなく子どもの学力は低迷

自分自身、これまで、異動してきた学校で、学習指導に力を入れた覚えがなく、自己流で授業を行っていた。魅力的な授業など全くできていなかったと思う。授業を工夫しようという意識すらなかった。その上、会議が多いので、子どもを残して面倒をみることは少なかった。ひどい時は、学習が成立させられないので、プリントで逃げることもあった。恥ずかしい話である。

◎平和ぼけという言葉がある。今の平穏に油断していると、すぐに、荒れた学校に舞い戻ってしまう。創るのは大変だが、崩れるのは簡単だ。昔を知る私は、あのような学校には戻してはならないという強い思いがある。

子どもたちの学習に向かう姿勢にも課題があった。自ら考えようとしない、学ぼうとしない、放課後に残そうとしても帰られてしまうことが多かった。基礎学力がついていないため学力向上を図る調査結果においても大きな課題が出た。生徒指導に追われ、学習指導には手が回らないような実

資料3　平成16～18年度の東京都児童・生徒の学力向上を図るための調査結果

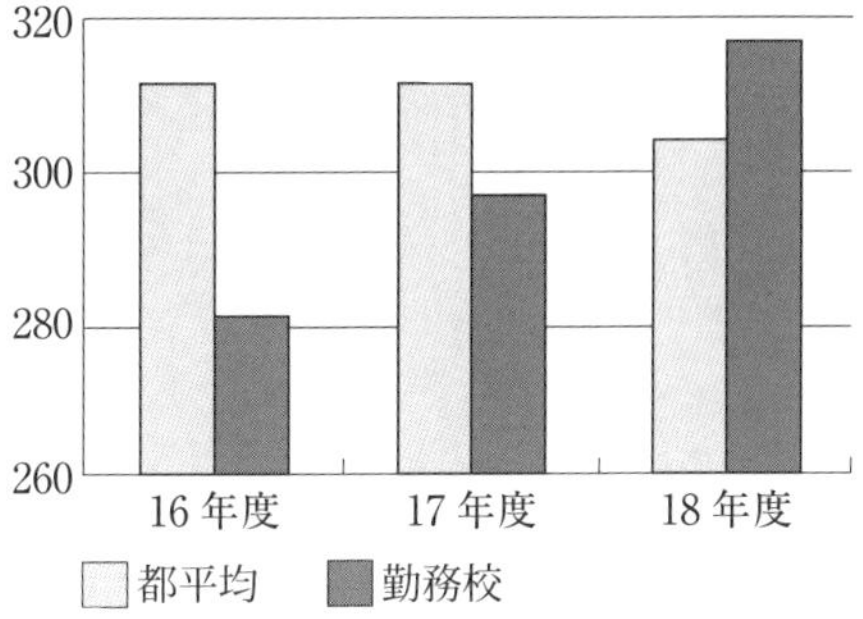

態があった。

　当時の教師の状況は、真面目に勤務する者が多かった。だが教師にゆとりがなく「多忙感一色」の集団となっていた。この原因を組織の在り方に見出した。教師間の話し合いを大事にすることはよいが、そのことのみに時間を費やす組織体であった。変化を望まない教師集団であることも分かった。学習指導要領の「ゆとりある学校」ではなかった。

　また、生徒指導に追われるのは子どもたちの地域環境と考え、外部の責任にする教師の実態があった。「授業が充実すれば子どもが落ち着く」といった考えの教師は、ほとんどいなく、校内研究も形だけのものであった。

(2) 初期の取組み

　子どもの落ち着かない状態を解決するために、まず、子どもと向き合う時間（ゆとりある時間）を確保するために「新学校システム」と「新研究システム」を確立することを目指した。

○新学校システム

　学校改革方針を提示し、これまでの当たり前を見直す。学校運営方法を大きく変え、新しい指導体制組織を確立する。教育課程を見直し、行事や指導内容を精選し、ゆとりある教育課程を確立する。

○新研究システム（研究指定校）

基本的生活習慣や学習方法を確立し、学力向上を図る。習熟度別少人数指導を導入し、確かな学力の向上を図る。教科担任制を導入し、組織で学力向上を図る。

⑶ 四月当初の学校経営方針

赴任した四月に学校経営方針を出した。今振り返ると、恥ずかしいような内容である。

○四月の学校経営案

赴任時の学校経営方針（職員提示資料）

平成××年四月一日

～新指導要領のねらいである「自ら学び、自ら考える力」を確実に教育課程に取り入れなくてはならない。すでに改訂から三年目である。前例踏襲ではこの理念を達成することはできない。改革できることは改革するという姿勢が重要である。人間形成の仕事を担っているという自覚をすることが大切である。～以下、教育目標、目指す学校像、学校経営の具体策、今年度の重点、校長の姿勢等を記載した。～

○学校経営方針は本物か

多くの校長は、学校経営のグランドデザインや学校運営計画等に自己の考えを記し、学校内外に発信している。その通りに行けば成果が出るはずだが、実際は違う。成果が出なくても責任を問われることがないので、教育経営用語が満遍無く書かれている。自己反省もあるが、経営方針が隣の学校と同じ内容が多い。

経営方針は、自分の信念や具体的な方策を書くことが大切である。きれいごとではなく一歩踏み込んだ内容でなければならない。作文だけでは学校経営はできない。

⑷ リニューアル宣言（喫緊に取り組む内容）

赴任前に情報を集めて作成した学校経営方針がまったく役に立たなかった。そこで一学期中は子どもと教師の様子を観察した。四か月間、子どもたちの課題はどこからきているのか、解決策はどうすればよいか、全国の学校では同じ課題をどのように解決しているかを模索した。練りに練った新しい学校経営案を八月三一日に出した。学習指導要領の趣旨を徹底する内容とした。学校改革「リニューアル」の宣言である。

学校改革リニューアル宣言

二学期以降の学校経営方針（職員提示資料）

平成××年八月三一日

～どの学校でも課題がある。その課題解決に地域、保護者、近隣の学校から期待されている。年度の途中だが、すぐに変えられるところはすぐに変える検討する内容を示すので各部で検討をして欲しい。すぐに施策に反映するようにする。

○子どもが変わったことの認識

子どもが我慢できない。家庭の教育力が低下している。地域のコミュニティがなくなり、それに代わるものが出てこない。日本人の価値観が変化している。

○変わる子どもに変わらぬ学校であってはならない

子どもが求める教育内容ではなく教師の考えが中心の従来型の教育内容が多い。子どもの指導は、「教職員全体で共通理解し、助け合って」とすることが多い。担任を声がけで支援するのではなく、組織として支援する仕組みを構築することが大切である。スピードある対応をし、課題解決の先送りはしない。新しいことに挑戦する姿勢をとる。

○目指す学校

社会が学校をどう見ているかをとらえる。学校を一層開き、保護者・地域を行事のスタッフとして迎える。学校のできること、できないことを外部に向かって発信する。学校の感覚で物事を考えるのではなく市民の目線に合わせる。教師力（指導力）を高める。

○今後の経営方針

子どもの行動を直視する。指導が入りにくい子どもへ対応する。教科担任制を導入する。子どもの指導を担任だけで行うのではなく、複数の教師で行う。

○ゆとりある教育課程

教育目標を自ら考え、判断し生きる力を育成する内容へ変える。従来から行ってきた教育活動や方法を見直す。例年やっているからという形だけのものは止める。縦割り班遊びでは子どもは育たない。学びの交流こそ価値がある。

○子どもと向き合う時間の確保

子どもに課題があるとき、会議を優先してよいだろうか。週に一度は、子どもと触れ合うことにより、子どもは心をよせ、問題行動が減る。会議を減らしていく。当面、職員会議は行うがワークショップ会議に変えていく。直後プランＤＣＡＰサイクルを構築する。教育活動直後に評価と次年度計画案を行う。コンパクトな校内組織とする。責任執行体制に立てば、校務分掌の一役一人制に行きつく。行事の見直しを図る。長期休業中も勤務日であるので、家庭訪問や三者面談、生徒指導全体会、研究会等を入れる。

○自ら考える子どもの育成

運動会・学習発表会等の内容や方法等を検討する。教師主導では、子どもは育たないので子どもたちが自ら考え、判断し進めていくものにする。移動教室の内容を検討する。現地で学習発表会を開催する。

○指導内容・方法の見直し

総合的な学習の内容を見直す。特別活動で実施していた活動で総合的な学習に代えられるものは代えていく。学力の向上を図る。放課後学習を毎日行うため、ドリルやサマースクール等の体制を整える。時間割編成を見直す。標準時数を一〇〇時間超えるようにする。

○校内研修の充実

子どもの問題行動への対応方法を研究する。指導体制や方法を見直す。学習規律や生活のきまりを徹底する。誤った平等意識の指導を止め、伸ばす子どもは伸ばす指導を行う。表彰する機会を多くする。授業力の向上を図る。全員が研究授業、全員が公開、全員が論文書き等を行う。研究指定校を受ける。

○その他

参観日は、保護者が来校しやすい土曜日に設定する。朝会時間を見直す。職員朝会中の子どものレクリエーションには課題があるので見直す。

(5) 学校改革の基本的な考え方

学校経営案より後になったが学校改革の基本的な考えを教職員に示した。なぜ学校改革が必要かを学習指導要領の観点からまとめた。

学校改革の方針（職員提示資料）

平成××年九月一日

平成一三年度までは、学校や教師は、経験や勘等の経験値から子どもの指導はできた。しかし、完全学校週五日制・総合的な学習が開始されてからの教育改革は、小手先の改革ではできなくなった。そこで一つの例だが、子どもの委員会活動をとっても、前からあるからやるというのではなく、学校の喫緊の課題を解決するために新たな委員会を作るという対策も考えられる。

時期は遅れたが、授業時数の確保や教育内容の厳選等の改革を行い、ゆとりある教育活動を推進する。

○これからの学校教育（なぜ学校改革をしなければならないか）

> ゆとりの中で生きる力の育成〈二一世紀を展望した我が国の教育〉
>
> ・自分で課題を見つけ、自ら学び、自ら考え、主体的に判断し、行動し、よりよく問題を解決する力を育成する
>
> ・自らを律しつつ、個人と協調し、他人を思いやる心や感動する心など豊かな人間性の育成とたくましく生きるための健康と体力を培う

これからは、多くの知識を教えこみがち（教師主導）であった教育から、子どもが自ら学び自ら考える力を育てる教育へ転換を図り、一人ひとりの個性を大切にしながら学び方や問題解決等の能力の育成につとめなければならない。教師が「させる、やらせる」教育からの転換である。

○これからの学校の在り方

これからの学校教育の目指す方向	学習の在り方
・基礎・基本の確実な定着を図る ・自ら学び考える力を育成する ・豊かな心とたくましい体を育成する	・基礎・基本の習得のための学習を行う ・探究心による主体的な学習を実施する ・問題解決的な学習を進める ・発展的な学習に取り組む

○ゆとりの確保

「生きる力」を育むためには、子どもたちに時間的なゆとり、心のゆとり、考えるゆとりを確保することが重要である。子どもたちにゆとりの時間があれば教師や友達とのふれあいを通して、自分の生き方を確立することができる。教師もゆとりがあれば、個別指導や放課後学習ができる。子どもに興味を持たせる授業のための教材開発もできる。

子どものためにと考え、「従来からやってきた」ことを全部続けていく考えを止める。何もしないことがゆとりを生む場合がある。

○学習指導要領理念（ゆとりの確保と充実）の尊重

学校行事の見直しによる「ゆとり」を確保する。子どもを帰しての懇談会、家庭訪問等を行うとゆとりがなくなる。教育課程の内容や方法を見直し、ゆとりを生み出すようにする。日課表の「ゆとり」を目指す。ノーチャイムとする。学級、学年毎の日課表が構築できる。

打ち合わせの見直しによる「ゆとり」を目指す。教職員の時間を制約するのは子どもへの指導時間と会議である。会議は止めることができても指導時間は短縮することはできない。そこで会議の時間を大幅に削減し、教職員が個人で利用できる時間を多くする。それには、会議を極端に減らすことである。

検討項目は、教科担任制、教育目標、行事内容や時期、会議の在り方、時間割、学習発表会、総合的な学習、生徒指導、縦割り班、校内研究等である。

○校内研究

学習指導要領が変わり、授業観を変えただろうか。教師主導で子どもが受け身がちな授業ではないだろうか。記憶中心の知識習得に偏りがちな授業ではないだろうか。教師の都合で終える授業ではないだろうか。知識の理解度を優先する評価となっていないだろうか。

自ら学び、自ら考える授業を展開するためには、再度、「わかる授業」を定義づけする必要がある。問題解決的な学びの定義を図り、そのための指導過程や指導者の役割についても考える必要がある。基礎基本を指導しない限り、子どもの自主・自律は望めない。

(6) ゆとりと充実のある学校

「学校改革の基本的な考え方」を受け、学校改革実現項目を保護者へ提示した。

平成××年九月

ゆとりと充実のある学校（保護者への提示資料）

○なぜ「ゆとりと充実」のある学校であるべきか
ゆとりの中で生きる力（第一五期中央教育審議会）。ゆとりは、精神的ゆとり、空間的ゆとり、内容的なゆとりである。生きる力とは、自ら学び、自ら考える力である。

○校長の方針
改革を先送りしない、すぐに実行できることは実行する。

○現学校体制の見直し
・行事の精選（必要な行事のみとする）⇩ゆとりの生み出し⇩現体制の見直し
・指導内容の精選（内容の一層の簡略）⇩ゆとりの生み出し⇩現体制の見直し
・指導体制の見直し（一役一人制、会議減等）⇩ゆとりの生み出し⇩現体制の見直し

〇ゆとりのある学校実現項目

精神的ゆとり	
子どもと向き合うゆとり（教務）	・職員会議は全体で確認する事項 ・プロジェクト会は確認事項や校内課題を解決する内容 ・校内組織の改革（一役一人制） ・会議の回数を減らす（長期休業中へ・夕会等） ・行事の精選　・開催時期の見直し　・事案決定手続き
時間的ゆとり（教務）	・ノーチャイム実施（学級・学年毎時間割可能） ・学習発表会・展覧会・合唱コンクール（毎年開催） ・土曜公開（保護者が来校しやすい） ・月曜朝会・集会（昼会）　・三者面談（夏季休業中） ・途中評価四回・あゆみ二回　・学校評価（七月・一一月）
内容的ゆとり（生徒）	・新教育目標　・自然体験移動教室　・指導計画作成 ・学びの交流活動　・英語活動 ・合唱コンクール　・サマースクール（研推部） ・自分探し卒業式　・指導が入りにくい子への対応策（生徒指導部）

空間的ゆとり（教務）	・ボランティアの導入　・教科担任制 ・教務・習熟度別少人数指導
研究のゆとり（研推）	・学力向上のためのプロフェッショナルティーチャーズノート

(7) 学校改革タイムスケジュール（平成××年九月　教務部）

次年度へのタイムスケジュールを示し、確実な学校改革を促した。

月	実施内容
八	○校長より二学期以降の「学校経営方針」 ・ゆとりのある教育課程　・子どもとふれあう時間の確保等
九	○校長より「学校改革の基本的な考え方」「ゆとりと充実のある学校」 ・時間　・内容　・空間　・勤務　・その他のゆとり ・行事の精選（スリム化）と指導内容の精選（コンパクト）

一一	○研修会「二学期制推進校の学校」 ・二学期制、教科担任制、習熟度別算数指導、学習スキル等の先進校訪問と報告
一二	○保護者・地域向けに学校改革説明会の実施 ○校長より「学校改革の進行表」 ・ゆとりの確保と充実、行事の見直し、生活時程、会議の精選、校内研究の充実 ・学校組織の見直し ○教務 ・新年度教育計画作成
一	○市教育委員会へ二学期制の打診 ○二学期制を考慮した教育計画作成
二	○教務より「主な行事の指針」 ・二学期制　・教科担任制　・習熟度別算数指導　・学習スキル　・サマースクール ・途中評価　・三者面談　・行事の精選　・時間割　・学力向上　・校内研究
三	○保護者向け説明資料「リニューアル学校（学校だより）」の配布

(8) 学校改革進行表

学校改革方針を明確にし、進行状況を一覧表にし、進行状況を明らかにした。

学校改革進行表（職員提示資料）　★＝終了　☆＝進行中

平成××年一二月

○学校改革を行う理由

指導要領の趣旨が徹底されていない。学校改革の遅れがある（よく考えて、みんなで話し合って、来年から改革等の先送り体質）。生徒指導に即座の対応ができていない（具体的対応なし）。

○教務関係改革内容（教育改革の趣旨の徹底）

★ボランティアを導入する（地域の教育力を取り込む）　☆教科担任制を検討する（複数の教師の目で見る）　★教育目標を見直す（従来型）　★運動会の練習時間数を減らす（週六日制のままの練習時数）　★学芸会から学習発表会へ移行する（特別活動を総合的な学習の時間とカウントしない）　★朝の職員打ち合わせを夕方に行う（子どもと向き合う）　★職員会議は長期休業中に行う（子どもと向き合う）　★運営委員会は連絡事項・スピードで解決する事

項・校内課題解決内容項目とする　★校内組織を改革し、一役一人制運営組織とする（個人提案とする）　★長期休業中に生徒指導全体会、個人面談等を行う（子どもと向き合う）　★学習発表会・合唱コンクール・展覧会等を毎年開催する（内容の充実）　★学びの移動教室とする（総合的な学習における調べ学習の充実）　★総合的な学習の指導計画を見直す（学年任せとせず、学校全体で指導計画を作成する）　★授業参観はすべて土曜日開催とする（保護者が参加しやすい）　☆二学期制を実施する（一〇〇時間以上の余剰時間確保・途中評価の実施）　☆学力の向上を図る（ドリル学習・毎日の放課後学習・サマースクール等）

○生徒指導改革内容（話し合いより行動）

☆指導が入りにくい子へ確実な対策をとる（個別指導）　★生徒指導担当者は毎日、対策をとる　★即座の職員行動とする（臨時パトロール）

○特別活動（総合的な学習の時間としない）

★縦割り遊びを総合的な学習とカウントしない　★水曜朝レクを中止する（職員打ち合わせをするための時間としない）　☆学びの交流学習を行う（遊びの縦割りではなく教科学習の交流へ移行する）

○校内研究で教育改革内容の研究
★研究指定を受ける（教科担任制・少人数指導・生活基礎能力）★全員が研究授業を行う（代表者三人では、授業力がつかない）★授業評価を即座に実施する（児童・保護者）★全国の研究会へ職員を派遣する（情報収集）☆ちょこっと塾を開催する（学んだことの報告会）

⑼ 主な行事の指針（平成××年二月　教務部提案）

学校改革項目やタイムスケジュールを受け、再度、教職員全員でねらい等を確認し合った。

学期	月	行事	ねらい
前期	四	・始業式、入学式	・進級による意欲の向上
		・学校説明会、保護者会	・学校、学年、学級経営方針表明
	五	・戸口訪問（放課後）	・住居の確認
	六	・前期学校評価	・教育課程の改善
	七	・土曜学校公開と中学年学習発表会	・保護者、地域への公開
		・移動教室	・総合的な学習の調べ学習
		・三者面談	・学習課題と対応策

	八	・サマースクール（水泳・学習）	・学びの連続性
	九	・土曜学校公開と高学年学習発表会	・保護者、地域への公開
		・運動会	・子ども主導、地域の人がスタッフ
	一〇	・前期終業式	・学期の節目と新たな決意
後期	一〇	・後期始業式	・学期の節目と新たな決意
		・合唱コンクール	・学級の団結
		・遠足	・異学年交流
	一一	・展覧会	・学習成果の発表
		・後期学校評価	・教育課程の改善
		・土曜学校公開と低学年学習発表会	・保護者、地域への公開
	一	・道徳地区公開講座	・全学級公開
		・学校説明会	・新たな学校の指針
		・保護者会	・学級経営の報告
	三	・修了式、卒業式	・学年の節目

⑽保護者へ学校リニューアルの説明

保護者に学校改革の内容を理解していただくために、学校だよりを通して説明を行った。保護者もこうした動きを待っていたためか、賛同の声が学校に寄せられた。

学校だより　平成××年二月号

「会議を減らし、子どもと向き合います」

〈スピードのある改革へ〉

民間人校長の講演会に行きました。記憶に残ったことは、『教育の現場では、「よく考えてから」「周りの意見を聞いて来年度から」という声がとかく多いが、それでは学校は変わるはずがない。改革のスピードを上げてどんどん実行していく。結果として、校長の姿勢に教師が慣れてくれた』ということでした。

この校長の考えは、学校の課題解決を先送りしがちなこれまでの学校風土を変えたいとのメッセージが入っていると受けとめました。本校でも改革の遅れを取り戻すために、次の年度に先送りせず様々な改革に取り組んできました。

〈会議を減らします〉

子どもに課題がある時、話し合うのは当然です。しかし、学校では会議をしても、みんなで声をかけ合う程度の結論の会議があったことも確かです。

職員会議、生徒指導や行事の小会議、始業前後の連絡会……。実に多くの会議があります。会議をすれば、多くの成果がでるはずですが……。職員の数が多くなればなるほど会議が多かったのも実情です。職員の数が少ない島の勤務を経験し、『一人ひとりが専門の内容の役割を担えば、それで済む』ことからもいえるからです。


〈子どもと向き合う原点に戻ります〉

会議のために、子どもを早く帰宅させる、会議があるから何かの時間を短縮する。こうしたことを今月からなくします。学習が分からない子どもには、会議より残り勉強をさせて欲しい、逆上がりができない子には、練習を手伝って欲しい、心が満たされていない子には、とことん付き合って欲しい等の願いがあるからです。私が教師になった原点の一つである教師と子どものふれあいを本校に根付かせてまいります。


〈新しい教職員組織が動き始めました〉

教師一人ひとりに、専門の役割分担をしました。責任を明確にし、計画立案は個人で行うことにしました。企業と違い、学校現場は毎年同じことを繰り返していますので、こうしたことが可能となると考えたからです。

　そこで、職員会議や職員の研修は、長期休業中に行うことにします。教師間の連絡方法や話し合う議題も工夫し、職員会議、職員全員打ち合わせ会議、各学年代表者の会議、連絡黒板と内容や方法を工夫いたします。必要な会議は、適時にとりますが、なるべくなくし、教師が子どもたちや保護者と向き合う学校にしてまいります。

⑾改革初期の学校常識

○当たり前ではない学校
　私は、転職して教職の世界に入った。その勤務初日に驚いたことがある。教師間の「共通理解」を大事にするあまり、会議が多く、また、自分個人の考えを主張する教師が多かったことである。中央教員審議会が指摘した学校・教師の横並び、画一主義、悪平等、閉鎖性、形式主義、事なかれ主義等の負の面を感じとった。改革初期には、変化を求めない学校教育関係者や共通理解型の教師の多さ、学校優位的な発想等を感じていた。世間では当たり前ではない〝学校常識〟に悩むことが多かった。

　学校環境に目を向けると、独自の教育を進めることを大事にしながら、教育委員会や保護者・地域からの指導や支援を受けていることに改めて気付いた。一方、それらの支援組織から事務的な指導は多く受けても、学校改革の具体的な指導を受ける機会が少なかったことも分かった。学校間でも歩調を合わせて行うことをよしする風潮があり、独自の施策を打つことが難しかった。学校間の歩調を合わせることは、喫緊の課題には有効となるが、平時においてはむしろ阻害する要因となりやすいと感じた。

学校改革で大事なことは、校長自身に覚悟があるかどうかである。何も無理をすることはない、教師との関係を大事にしたい等の考えで消極的になる校長が多い。他の校長に影響力を与える校長が地域にいればなおさらのことである。教育委員会も校長の学校経営を尊重するあまり、改革を言い出せないことが気になった。改革初期に感じた学校の現状が今でも続いている。

◯教職員の固定観念と改革に対する抵抗

自ら改革をしようとしない学校の現状が、教師の考えに色濃く残っているのを見てきた。学校改革の経験がないため、現状をよしとする教師が多かった。多忙であると考えながら、新しい取組みには積極的ではなかった。子どもと一緒にいたいと考えながら、教職員の共通理解が大切であると考え会議に走る体質があった。教職員の固定観念があったからである。

その中でも私は矢継ぎ早に学校改革を続けてきた。改革に反対する教師もいたが、それでも続けた。校長への風当たりは、推進する教師にも向けられた。しかし、ひるまないようにと指示したので混乱を招くことはなかった。改革の先には光が見えることは分かっていたからである。若手の研究主任が先輩教師から質問攻めに合い、答えきれず謝り続けていたところを見た時、さすがに申し訳ない気持ちになった。

学校視察者から、「所属の教師が抵抗したら改革はできないのではないか」と、よく質問されたが校長の強い決意があればできると答えた。学校改革の要は、校長がやるかやらないかだけである。

⑿ 改革初期に校長として大事にしたこと

○改革・開発・簡素の３Ｋ
教育の現場では、「よく考えてから」「周りの意見を聞いてから」とすることが多い。これでは学校は変わらない。そこで改革のスピードを上げてどんどん実行していくことを教師に伝えた。課題解決を先送りしそうなこれまでの学校風土を変えたいという思いがあったからである。キーワードとして、「改革・開発・簡素」を示した。この３Ｋは、学校改革の中心キーワードにもなった。常に変えていくことは、学校が進化することにつながる。学校を安定させ続けるためには、常に現状を変えていくことである。

○次年度の経営案を異動時期前に提示
校長がリーダーシップを発揮するためには、次年度の経営案を教師に早めに提示することが大切である。教師の異動時期の前に示したのは、教師にとって厳しいことが次年度には始まることを伝えたかったからである。異動者が多く出ることを予想したが少なかった。以来、教師に次年度の学校の在り方を異動前に示し、異動するかどうかを決断させてきた。

○副校長の育成

副校長に、校長の方針を徹底的に理解させた。特に、学校常識の打破を強く指導した。その上で、学校視察者に説明役をするように命じた。来校者からの質問に答えさせたかったからである。全国の学校改革の先進校視察にも行かせた。また、学校改革内容の提案を多くさせた。将来、学校経営を担うという意識を持たせたかったからである。

○ミドルリーダーの育成

副校長の育成と併せて主幹教諭の育成を大事にした。研究と職員育成の方法を具体的に指導した。主幹を研究主任に抜擢したことにより学校全体を観る目が育った。何よりも授業研究に自信を持たせることができた。やがて教務主任になり学校を動かす大きな役割を果たすようになった。ミドルリーダーを育てることの大切さを改めて学んだ。

⒀ 改革初期の成果と課題

改革初期の成果は、学校運営の仕組みを構築できたことである。運営組織や、事案決定のシステムを確立すると学校がよく回るようになった。そのため、教師が子どもと向き合うこともできるようになった。改革初期に学校が動くシステムに着手したことがよかったと思っている。学力向上や健全育成のための方策をすぐに進めたいという気持ちを抑えたこともよかった。「急がば回れ」という考えで改革を支える土台を構築したことがよかった。

学校が動くようになると子どもの指導に全力を上げることができるようになった。学校改革二～三年目の課題は、子どもの学力や健全育成、教師の授業力であった。こうした課題は、校内研究で解決を図るようにした。

２　「新学校システム」「新校内研究システム」の構築（学校改革中期）

⑴　学校改革中期の取組み

初期の学校改革は、教師の意識改革が主であった。いわば点の改革である。そこで中期は、教育活動と経営活動の組織マネジメント面の改革を行った。それが「新学校システム」と「新研究システム」を創る組織マネジメントである。

○会議の廃止と直後プランＤＣＡＰカリキュラムマネジメントサイクル（新学校システム）

従来の教育課程編成方法は、毎月の職員会議と年度末の学校評価であった。そのため課題が出されても具体的な改善策は提案されず、前例踏襲型の教育課程が多かった。そこで、毎回の教育活動後、全員による即座の評価と改善策を検討し、その場で担当者が次年度の計画を立てる（直後プラン）というマネジメントサイクルを確立した。

○授業改善ＤＣＡＰマネジメントサイクル（新研究システム）

多くの学校と同様に、勤務校でも当初は学習指導案の作成、研究授業、研究協議、論文作成のサイクルで研究を進めてきた。しかし、学習指導案に多くの時間をかけすぎた割には、成果が出なかった。そこで、授業実践、ワークショップによる検証、修正の後、授業者が再度の改善指導案を作成するというマネジメントサイクルを取り入れた。授業者の改善策が、以後の授業に即座に役立つようにした。

○プロフェッショナルティーチャーズノート（新研究システム）

勤務校で開発した「プロフェッショナルティーチャーズノート」（一四三ページ参照）とは、授業の流し方や約束事を記した教師用の指導ノートのことである。どの教師も問題解決学習型の授業が確実にできるように、授業の流し方の初級、中級、上級モデルを自ら示しノートに記載させた。研究を進めていくうちに、教師たちにとって、このノートは授業改革の必須のツールとなっていった。

○若手人材育成（新研究システム）

若手教師が大量に採用され、ベテラン教師が大量に退職している。学校として質の高い教育活動を継続して行っていくためには、組織的に人材育成に取り組むことが必要不可欠と認識した。校長の学校経営方針の重点施策である「若手教師三倍速育成」を柱に、研修の方法や場の設定を研究・開発し、若手育成を図った（一五六ページ参照）。若手の速成は学校力アップのための必要条件である。若手が活躍する学校となることで改革のスピードは上がっていった。

(2) 校内研究の推進（市・都の研究推進）

改革中期より新学校システムを導入したため、職員会議や委員会がワークショップ型のミーティングとなり職員にゆとりの時間が生まれた。その時間は校内研究の時間に向かった。

学校システムや校内研究改革は、校内だけで充実することはできない。そのための一つの方法として、校内研究の指定を受ける方法があると考えた。予算の獲得だけではなく、全国の知恵を取り入れることができるメリットがあると考え、研究指定を積極的に受けた。

年度	指定団体	研究内容
平成17・18年度	市教育委員会	学習スキル・少人数指導・教科担任制
平成19・20年度	東京都教育委員会	学習のわざを生かした学び合いの授業
平成20・21・22年度	文部科学省	学力向上システムの開発

(3) 校長として大事にしたこと

改革を行うために、これまで学校教育で当然と思ってきたことを次々と変えることにした。現状に満足せず、変えなくてはならない学校常識は変えることにした。改革を先送りしない、すぐに実行できることは実行することを職員には強く話した。

まず、教師の指導力を高めるために研究授業と真剣勝負の研究協議会を行うように指導をした。また、一役一人制で仕事を任せることで、学級だけでなく組織の一員として学校に貢献する教師を育てるようにした。校長の経営方針をよく理解し、その実現のために労苦をいとわない教師、子どもにとことん向き合う教師、地域に出て地域を盛り上げる教師を育てたかったからである。

⑷ 改革中期の成果と課題

「新学校システム」は、教育活動直後にワークショップで反省し改善・計画を一気に行うシステムである。これを「直後プラン」と名付けた。これまでの職員会議ではできなかった効果的な教育課程づくりが可能となった。また、一役一人制の運営組織、事案決定システムが完成し、教師がゆとりをもてるようになった。教師が子どもと遊び始めるようになったのはこの頃からである。

「新校内研究システム」で、全員が年二回以上の研究授業を行うようにした。年二回以上、研究授業を行わないと授業は変わらない、学び続ける意識は育たないと考えたからである。また、授業を保護者・地域に公開すると共に全員が研究課題レポート・参観者論文を作成するように指示を出した。若手もベテランも研究授業を行うことができたため、研究へ向かう姿勢が出てきた。研究協議方法もワークショップ型に変え、形だけの研究協議方法を変えた。全員が考えを表明し合う協議会は、教師一人ひとりに研究意欲をもたせることができた。授業が楽しいという教師が増え、これが子どもの落ち着きにもつながった。

若手教師を三倍速で育成するようにもした。研究主任には新採三年目を抜擢し、人材育成主任は、新採五年目を当てた。若手育成のためのＯＪＴノートを開発し、社会人としての在り方・生き方を学ばせることもできた。新人教師を毎朝、指導することを行ったため即戦力を育てることもできた。若手の育ちがベテラン教師の育ちにもよい影響を与えた。

課題は、学力の向上であった。着実に学力が向上していることは分かっていたが、改革中期でも数値はあまり上がっていなかった。また、研究授業の回数を数多くこなしたが、なかなか授業力の向上にはつながらなかった。

3　学力向上・ＯＪＴ（学校改革最終期）

(1)　学校改革最終期の取組みと成果

○研究校としての土壌

研究・授業・経営の活動が連動すれば学校教育が充実することが分かった。そこで、校内研究で学校改革を行った。市、都、国の研究指定を受け七年がかりで研究を行い、研究校としての土壌を創り上げるようにした。年間四〇回以上の研究授業が可能になったのは、新学校システムや新研究システムがうまく機能したからである。教師が自信を持って研究を進めることができたため「一生の財産を持たせることができた」と思っている。

○学力向上

学校の目標は、学力の向上である。毎日の放課後学習、セカンドスクール（専科教師による補習授業）、サマースクール（保護者・卒業生らによる夏季休業中のドリル学習）、学力調査マネジメント、「これっきり○○シリーズ」（学習につまずきのある子ども専用の自作テキスト）、四教科ドリル・漢字検定、「まなブック」（自作の学び方ガイド）、教科担任制等の施策が功を奏し、学力の向上を図ることができた。改革最終期に大事にしたことは、学力調査のデータを重要視したことである。学力の実態だけではなく、教師の授業改善にもつながると考えたからである。学力調査の結果をすぐに分析し、直後に全教師で子どもに補習指導を行うようにした。子どもには補習実施後、以後の学習で取り組むことを「振り返り」に書かせた。すると子どもたちは、これまでの学習の成果と課題を客観的に捉えることができ、以後の学習に対するめあてをもつことができるようになった（一一九ページ以降参照）。

○ＯＪＴの推進

校内研究による人材育成はどの学校でも行われている。授業技術に範囲が限られていたため、若手教師は学校全般に関わることが学べなかった。そこで、ファースト会（主に初任者から六年目までの教師を対象とした学習会）、セカンド会（七年目以上のベテランの教師を対象にした研修会）、起案文書の指導、一役一人制運営組織と事案決定での指導、論文指導、早朝初任者指導、若手に重い校務分掌等の施策を長期に渡り行うようにしてきた。東京都の教員人材育成基本方針を受け、独自のＯＪＴノートを開発し、人材育成を図るようにもした（一六五ページ以降参照）。

(2) 校長として大事にしたこと

○学校だよりは施策中心型に

保護者との連携を保つために学校だよりで心掛けたことは、これから行う施策を紹介する形式にしたことである。新しい施策を次々と紹介し、学校改革の理解を求めた。七年間の学校だよりは、すべて新施策紹介型であった。過去形の教育活動の紹介では、学校改革は理解されにくいと考えたからである。保護者から校長へ直接、共感する手紙が増えたのも収穫の一つであった。

○自校優先

校長会との関係についても記しておきたい。校長会という組織は、学校の教育活動を支援してくれる。一方、同一歩調を求められるため、自校にはそぐわない施策も出てくる。子どもや保護者の実態が違うからである。学校改革を進めなければならない喫緊の課題があったため、校長会をまたず独自に施策を推進することがあった。校長として苦渋の決断であった。自校は校長が守るしかない、時期を外せない決断があれば自らの責任で実行をすることの大切さを学んだ。

4　学校改革で配慮すること

学校改革がすべてうまくいったわけではない。いくつか配慮することを学んだ。まず、校長が度胸を据えることである。うまくいかなかったら職を賭けるような姿勢が欲しい。最初は学校の現状をよく分析し、改善策を学校内外に伝え具体的な方法を示すしかない。次にワークショップ型の会議方法を生かすことである。校長が方針を決めたら、ワークショップ会議で教師の意見を吸い上げることが大切である。全員の意見を聞いた上で最後は、校長が決断するとよい。

改革は、何があっても最低二年は続けることである。改革を中途で終わらせてはならない。軌道に乗るまでが大切である。教師は変わりたくないという一面も持っているので、変わったことに慣れてもらうことも大切である。なお、学校改革の理解者を増やすことである。改革をすると全国からの来校者が増える。その方に理解してもらうようにするとよい。すぐに理解者が増える。

課題は、異動してきた教師への対応である。なかなか学校を理解することはできないので、「新赴任者への手引き」を作り、理解をさせるようにした。

5　学校常識を変えるためのリーダーシップ

改革が進むとともに、視察として来校される方が年々増えてきた。共感的に考えてくださる方が多かったからである。寄せられる質問の多くは、なぜ学校改革が成功したかである。その中で強調したのは、校長としてのリーダーシップであった。次のように説明してきた。

～改革当初は、教師の反発や疑問の声が上がった。だが、校長についてくれば改革は成功することを語り続けた。全国の学校を視察し、書物をひも解き、自らの考えを構築してきたという自負からである。新しい施策は、早め早めに子ども・教師・保護者に伝え、共感を得るようにもしてきた。改革が軌道にのったら、副校長、主幹などの職階層に任せるようにした。

学校改革は、同じことを同じまま繰り返していてはできない。失敗を恐れるよりも変化を求めない自分を恐れた方がよい。これまでの学校常識にとらわれず、よいと思ったことをやれば学校は変わる、子どもたちが変わると信じたからである。～

リーダーシップで大切なことは、先のことを考えず、即、実行することである。私は、まず、学校常識を変えるリーダーシップをとることにした。学校の当たり前は、実はそうではない。多忙感を無くしたいと考えながら、いざ変えようとすると教師は動かない。そこで、「従来からの教育を続けると、教育活動はパンクする」という持論を話した。教師に「学校の当たり前を止める」ことを強く迫った。教師が驚くような学校改革の説明プリント攻めを行った。それが結果的にはよかった。次に仕組みづくりである。学校の仕組みづくりと校長の有能さはあまり関係がない。校長が有能でなくても、学校を変える仕組みがあれば学校は変わる。学校全体を考え行動できるのは校長だけであると考え、仕組みづくりを目指した。新学校システムと新研究システムは、学校の宝となっている。

6　子ども・教師・保護者の変容

改革当時は、校長の方針に反対する教師、学校行事を変えることに批判的な保護者がいた。これまでの現実を変えたくない考えがあったかと思う。しかし、改革が順調に進むにしたがって、改革に賛同する教師・保護者が増えた。

多くの教師が、子どもと向き合う時間ができたことにより学校風土が変わった。授業研究に励む教師も多くなった。六年連続の研究会も自然体で迎えられた。また、来校者に一役一人制の運営組織で全員が説明したので、学校運営者の意識も出てきた。若手教師の集まりのファースト会やベテラン教師のセカンド会がお互いに高め合う教師集団となった。職員室の雰囲気もよく、いつも笑い声が絶えない。来校者がお帰りになる時、全教師で見送る姿が勤務校の教師の姿勢となった。

保護者には、学校改革がうまくいかなかった場合は、元に戻すという約束をした。改革が順調に進むにつれ、学校の方針を支持する保護者が多くなった。学校を誇りに思う保護者も、学校ボランティアの数も増えた。在職中に出し続けた学校だよりが改革説明型の内容であったこともよかったと思う。

7　学校リニューアルの成果

教師は、校内研究では忙しいが価値ある忙しさと思っている。会議がない分、授業研究にも打ち込める。若手教師の中には、すでに手本となるような授業をしている者もいる。職員室で楽しそうに授業を熱く語る教師を見るたびに、改革の手応えを感じた。

学校改革の成果は、子どもの姿にも出ている。子どもたちの問題行動はほとんどなくなった。子どもと教師が向き合う時間が確保できたため、毎日の放課後学習が可能もなったからである。とりわけ各教科の学力が向上してきた。平成一六年の調査以降、徐々に全国や東京都の平均数値を大幅に超え、夢のような結果が出た。職員会議や諸会議を止め、学力を向上させるためのあらゆる手立てを講じてきた成果と思う。

「学力向上あり」

〈うれしい学力向上〉

学校だより 平成××年一〇月号

六年生の全国学力・学習状況調査の数値が出ました。本年は、国の数値を大きく上回りました。校長として、こんなに嬉しいことはありません。学力向上のために学校をリニューアルした成果が出てきております。新しい学校の仕組みが動き出していることが大きいと思います。今後も、本校にしかない仕組みを改善し、さらなる学力向上を目指してまいります。ご期待ください。

〈六年全国学力・学習状況調査から〉

［国語Ａ問（基礎的な内容）］

全国を四・七ポイント、東京都を三・五ポイント上回りました。話す・聞く領域の問題に優れていました。「言語わざ」を生かした学び合いの授業の成果だと思われます。

［国語Ｂ問（基礎的なことを活用する内容）］

全国を一〇・二ポイント、東京都を八・五ポイント上回りました。言語事項の問題に優れていました。本校では、言語わざを教室に掲示し、毎時間指導を行っております。最近では、「言語星」を設定し、各学級で七つ星の獲得を目指しています。職員玄関の所に掲示してあります。

［算数Ａ問（基礎的な内容）］

全国を四・七ポイント、東京都を二・四ポイント上回りました。表現・処理の問題に優れていました。毎日のドリルタイムやセカンドスクールやサマースクールの取組みの成果だと思われます。

［算数Ｂ問（基礎的なことを活用する内容）］

全国を一五・五ポイント、東京都を一三・一ポイント上回りました。思考の問題に優れていました。「まなブック」を使った問題解決の学習やノート指導の成果だと思われます。

〈よかった学力向上の具体的な取組み〉

本校独自の学力向上の取組みがいくつかあります。ドリルを毎朝一枚取り組んでいます。漢字検定は、毎週金曜日です。サマースクールを夏休み一か月間行っています。セカンドスクールを毎週金曜日に行っています。「これっきり算数」は、独自開発の教科書です。本校の「まなブック」は、教科のガイドブックです。授業集会で見本となる授業を子どもたちが見ています。ノートコンクールは年間三回行っています。教科担任制を五・六年で行っています。算数も完全習熟度別指導です。会議をなくし、放課後学習を毎日行っています。研究授業を年四〇回以上行っています。

〈新聞記事より〉八月二七日のある新聞の夕刊に本校の記事が載りました（以下、要旨）。

「基礎反復　地域も協力」

……基礎力の向上に向けた工夫も盛んだ。「補習授業の効果はてきめん」。学校は、かつて学力調査の数値に課題があったが、自校の取組みに自信を見せている。補習授業で使ったのは、基本的内容に特化したテキスト「これっきり算数」。それを使って、毎週金曜日の放課後に繰り返し学ぶ。

同校は、希望する子にサマースクールを実施。中学生や保護者が採点を手伝う。地域ぐるみで学力アップ策も行っている……。

〈全国の方と〉

本校が取り組んでいます学力向上や学校システム改善の研究に全国から視察者が絶えません。国の研究指定校として、学校の取組みを全国に発信していくことが、責務となっています。ご声援ください。

●第3章

学校リニューアルの実際

1　新学校システム

学習指導要領の改訂が行われた。学校は変わっただろうか。否である。多くの学校は、学習の指導面では変えたが、学校のシステムや行事などの改訂はほとんど行っていない。これでは学校は「パンク」をする。これまでの学校常識では、学校の成長は望めない。学校の当たり前は、実は社会では当たり前ではないことが多いので、学校の当たり前を見直す勇気を持って欲しい。当たり前を止めた私の経験をできるだけ具体的に示したい。

(1) 学校を改革するのは校長の意志と実行力

かつて校長として勤務していた学校は、子どもの生活態度や学力の面などで多くの課題を抱えていた。その改善には明治以来の「学校の常識」を見直し、仕組みを変えるしかないと考え、「リニューアル」と称した学校改革を始めた。併せて、東京都の授業改善推進校や文部科学省の学力向上推進校の指定も受けた。お手本のない中での改革には勇気が要ったが、教師が子どもに向き合い寄り添う時間が増え、落ち着きのある学校となるとともに、学力の向上も果たすことができた。当初は学校の内外から学校改革への反対はあった。しかし、子ども・教師・保護者・地域にとってあるべき学校の姿を不退転の決意で求めていけば、必ず活路は見出せると信じ、改革を進めた。

様々な学校改革が提案されているが、学校を変えられるのは校長だけである。校長は、自分が学校を変えるのだという強い意志と実行力を持ち、自ら考え行動するしかない。

(2)「改革・開発・簡素」の3Kが基本

学校改革を進めていくためにまず「事業仕分け」をしてみるとよい。具体的には、会議の厳選、運営方法の見直し、学力向上策の見直し、校内研究の改善等、いわば学校の全ての教育活動の見直しである。なお、年度の途中でも変えるべきことは変えるという「羅生門的」発想で経営を進めていくことが大切である。

改革を進めていくための基本理念は、「改革・開発・簡素」である。優先順位を決め、子どもたちにとって何が必要かという視点からあらゆる教育活動を見直すとよい。

その柱は、職員会議の廃止である。在職時は外部の方からも「教師の共通理解は得られたのか」と驚かれたが、細かなことも毎回総会を開いて共通理解を図るようなやり方でなく、一人ひとりの責任を明確にし、個々の負担も解消する取組みであることを内外に理解していただいた。具体的に取り組んだのが、「一役一人の運営組織」と「事案決定システム」である。どこの学校でも、教務部会や運動会委員会などの部会がある。部会・委員会には複数の教師が所属し話し合うことが多い。

表　事業仕分け

勤務校で取り組んだ学校改革のための事業仕分けを一例として示す。

学校改革を行う上で、検討した内容の一部である。

これまでの教育活動・課題	仕分け	リニューアル大岱の改善策・成果
教務		
「例年通りの教育活動」	新規	「当たり前を止める」
・学校が立ち行かなくなる		・これまでの学校の固定観念を捨てる
４月～３月の年度仕事暦	変更	大岱仕事暦（１月～12月、12月決算）
・３・４月が多忙、		・教師は３・４月に学級事務に専念が可能
運営組織	廃止	一役一人制校務分掌
・責任の所在が曖昧		・職員の職務意識が高くなる
年間 PDCA サイクル教育課程	廃止	教育活動直後の DCAP サイクル形式
・評価（C）の面が弱い		・活動直後に評価、改善、計画案を行う
職員会議	廃止	大岱式直後プラン
・マンネリ化、一部教師の意見反映		・ワークショップで全員の意見集約が可能
各部会議	廃止	事案決定システム
・責任感が薄れる		・校長の経営方針が徹底する
各種会議	変更	長期休業中に実施
・子供と向き合えない		・学校本来の子供と向き合う趣旨に合致する
年度末評価会議	廃止	直後プラン
・昨年と同じ内容となる		・活動直後に評価を行うので内容がよい
新年度計画会議	廃止	直後プラン
・次年度も同じ議題となる		・活動直後に即立案し時間短縮を行う
新年度教育課程作成	変更	直後プラン
・次年度も内容が同じである		・毎教育活動直後の内容の高い計画案が出来る
	新規	大岱職員仕事暦
		・年間の職員の仕事一覧表を作成する
職員朝会	廃止	夕会（木曜日４時30分開始）
・子供を朝、教室で迎えられない		・毎朝、教室で子供を迎える
		・翌翌週の行事担当者に進行状況を聞く
		・必見連絡板を設置し緊急対応を行う
事故報告	新規	事故報告板
・打ち合わせの時の報告		・早く事故報告板で全校児童に警鐘する
チャイムあり	廃止	ノーチャイム
・全校で同じ時間にしか動けない		・学級により午前５時間授業が可能である

1　新学校システム

これまでの教育活動・課題	仕分け	リニューアル大岱の改善策・成果
・出張者の学級は自習		・出張者の学級は午前５時間授業となる
朝会	変更	昼会
・１時間目に食い込むことあり		・放課後実施のため、授業時間の確保が可能
・学年ごとの列は遅れた学級対応不可	変更	・体育館に入室した学級より奥へ詰める
家庭訪問（個人面談）	廃止	三者面談（長期休業中）
・大幅な授業時数の減となる		・ゆっくり話すことが可能である
通知表	改善	「あゆみ」（途中評価）発行
・学期ごとでは少ない		・２学期制に伴い、年４回発行する
・誉めたたえるだけの通知表の所見		・成果、課題、改善策で記入する
集金	改善	朝一箱
・学級の教師の机に置く		・全校児童が朝一番に集金袋を入れる箱
学校説明会	改善	一役一人制による説明
・管理職、教務主幹のみの説明		・全職員の学校運営意識が高まる
総合的な学習教育計画	変更	大岱夢プラン
・学校行事補助的な内容がある		・夢プランに観点別に指導計画を記入する
報告事項の不徹底	新規	職員室黒板
・報告することの視覚化なし		・報告事項のカードを掲示する
新赴任者	新規	「新赴任者へ」
・学校要覧だけでは不十分		・新赴任者への説明書きを用意し対応する
補教（自習等）	新規	補教手帳
・責任の所在が曖昧である		・一人の教師に一冊持たせる
全科担任制	新規	教科担任制
・学級が崩れた場合の対応が不可		・５・６年は、チームで子供を指導する
専科制	新規	副担任制
・専科と担任との連携が不十分		・専科は学年所属とする
週案	新規	月曜提出簿
・記載内容が薄い		・単元名、活動内容、評価の３点を記載する
保護者ボランティア	新規	中学生ボランティア
・希望者が少ない時がある		・全行事に中学生スタッフを入れる
生活指導報告会議	新規	生活指導レポート
・生活指導手法を学ぶ会ではない		・レポートを全員書き、手法を学び合う
行事		
運動会	変更	新運動会
・多くの練習時間		・練習、練習、本番としない
・学年記録の不足		・直後プランで学年種目詳細案を作成する
・教師満足の表現活動		・６年生が中心となる異学年交流表現とする
・本番のみの用具係り設置		・本番も練習時と同じ準備・後片付けとする

これまでの教育活動・課題	仕分け	リニューアル大作戦の改善策・成果
・提出書類が多い		・永久プログラム、永久放送原稿等の書類類があるので提出しなくてもよい
卒業式	変更	新卒業式
・作られた呼びかけ調が多い		・「自分探し（自分の体験発表）」の場とする
・全体練習時間が多い		・個人練習を多くし、儀式を重んじる
・定番の歌である		・学校ならではの創作曲とする
始業式・入学式が別々	変更	始業式・入学式の合体
・高学年のみの出席		・全校児童が出席し、１年生を迎える
・定番の歌である		・２年生が創作した歌とする
縦割り班遊び	新規	学びの交流
・遊び中心であり、学びが少ない		・教科学習の学びの交流とする
校内に歌声が響いていない	新規	学級対抗合唱コンクール
・歌は専科教師に任せている		・金賞を目指し、学級毎で競い合う
朝読書	新規	読書選手権
・個人の読みで終わっている		・クイズ形式で全校児童が楽しむ
人材育成		
人材育成制度	新規	人材育成部の設置
・行政からの通達あり		・校務分掌に人材育成部を設置する
服務強化月間	新規	ファースト会（若手の会）
・その月だけではない		・毎週１回、服務研修会を開催する
服務内容回覧	新規	OJT ノート
・服務事故を理解する		・服務事故の例から学ぶノートを作成する
クレーム	新規	当たり前一覧
・個人体験が全体のものとならない		・一人の教師が経験したことを全員で共有する
ベテラン研修会なし	新規	セカンド会
・若手に伝える資料整理の遅れ		・ベテランが若手を指導する資料集を作成する
出張報告会なし	新規	ちょこっと塾
・出張者一人の学びとなっている		・一人の教師が学んできたことを共有する
校内研修		
PDCA 授業改善サイクル	変更	DCAP 授業改善サイクル
・改善策が出ない		・実践と評価、改善策の連動を図る
成果のみの協議会	新規	いきなり課題方式
・かたちだけの協議会となりやすい		・成果ではなく、課題から入る協議会とする
成果物なし	新規	課題論文
・研究授業を行った記録のみ		・自分の振り返りをまとめ、次に生かす

新学校システム

事業仕分け

○会議の厳選
○学校運営方法の見直し
⇨ 中心課題
子どもの学力向上
教師の授業力向上

年度の途中でも、変えるべきことは変える

校長の基本方針
『改革』『開発』『簡素』

校内の事案は、教師の総意として「担当者→各種委員会→企画会議→職員会議」のラインで決まるが、これでは校長の経営方針はなかなか浸透しない。そこで、一つの校務を一人で担当する組織に変えた。「担当者→主任教諭→主幹教諭→副校長→校長」のラインで決裁し結論を全教師に周知するようにした。これにより教師が何度も集まり審議する時間は不要になり、校務もスリム化した。そして、個々の教師の責任が明確になり、学校経営参画意識も高まったのである。

(3) 行事直後に反省・改善する「ＤＣＡＰカリキュラムマネジメントサイクル」

近年、多くの学校はＰＤＣＡサイクルの学校経営を導入している。しかし、多くの場合、ＰＤＣＡで一つのサイクルが完結してしまい、次年度に反映されていないことが多い。ＰＤＣＡサイクルを導入しても、次年度になればまたＰに多くの時間を割き、Ａで総括したら終わりである。つまり、ＰＤＣＡがスパイラルな改善のサイクルとなっていないのである。これでは、学校改革はできない。そこで、教育活動（Ｄ）の直後にＣＡＰサイクルを行う「直後プラン」（ＤＣＡＰ）を提案したい。一般の学校は、恒例の教育活動が近づくと、職員会議で一年前を思い出し、「さて、今年はどうするか」と議論する。時間がかかる割に議論は低調で、大抵は「前例踏襲、昨年と同じ」。これでは改善は期待できない。

運動会を例にとってみよう。運動会実施後（D）、ただちにワークショップ型のミーティングで評価を行う（C）。全員立ったまま教師・地域・保護者などのスタッフが評価を行い、競技種目の検討、子どもの誘導等、様々なことについて改善策を出し合う（A）。担当は、改善策をまとめる。次の日には、改善策を生かした新年度の計画（P）を立て、事案決定システムを通して全員に周知する。新計画案は、その都度ファイルにとじていく。このようなＤＣＡＰサイクルをあらゆる教育活動に取り入れていくと、一二月までには一冊の冊子になる。年末には翌年一年分の計画が出来上がってしまうのである（なぜ一二月までかについては後述する）。活動直後に評価を行い、翌年度計画を立てるので、検討されたことが確実に反映され、よりよい内容となっていく。

「直後プラン」サイクル（ＤＣＡＰ）によるメリットは、延々とＰを討議し合う従来型職員会議がなくなることである。ミーティングは開くことがどうしても必要な案件が出たときに行い、そこでもＤＣＡＰの発想で解決・改善の方策を立てればよい。また、全員参加のワークショップ型協議で方策を立てることにより、教師たちの総意を反映したものにできる。プランの検討などに時間をかけるのではなく、多くの実践の集積から課題を見付け、方策を立てる方が能率的で無理がない。

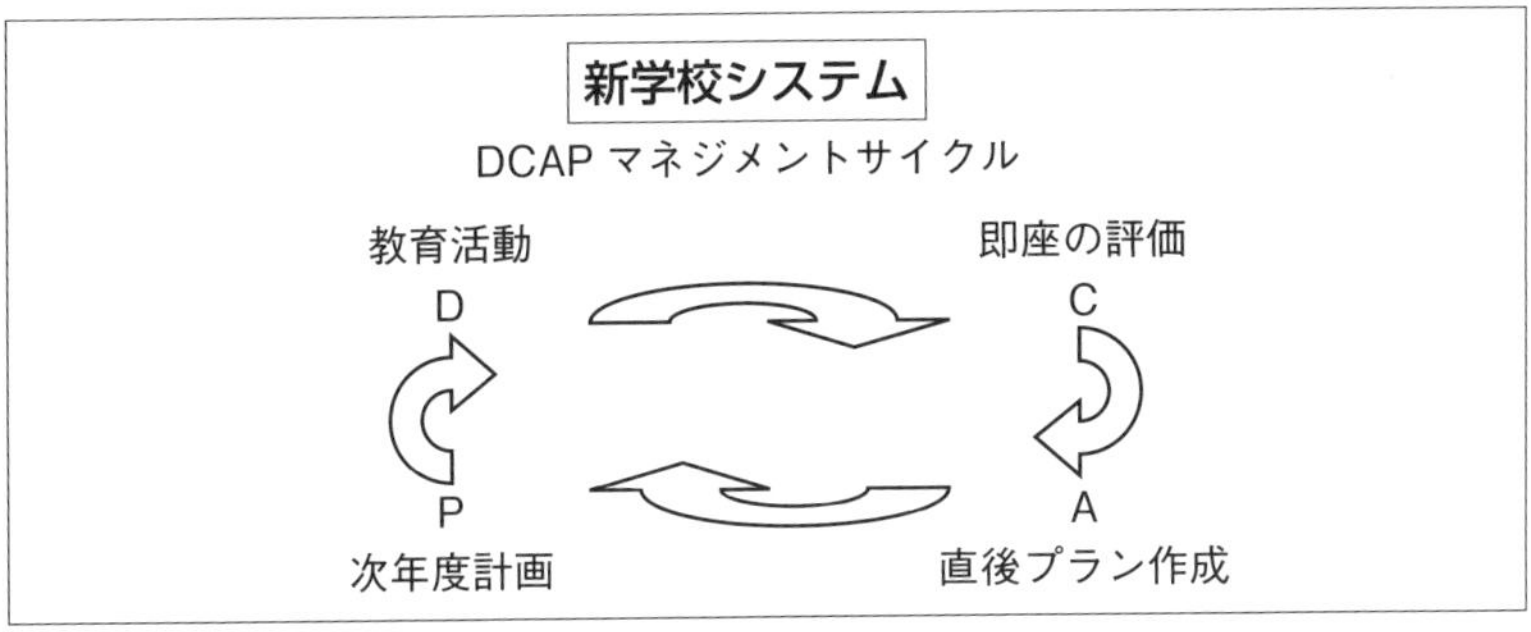

(4)「一二月決算」と複線型の週時程で学校の「時間」を改善する

学校が前例踏襲に陥り、変われない最大の原因は、教育活動の評価を年度末に行い、次年度の計画を直前に立てる繰り返しだからだ。直後プラン方式ならば、この問題を解決できる。

①一二月決算

日本の学校の一年は、四月に始まり三月に終わる。三、四月は卒業式、入学式、次年度の教育課程編成、学級事務、人事異動が集中する多忙な時期である。特に四月は、新しく担任した子どもたちと向き合い、集団づくりや学級づくりを行う重要な時期だ。一年間の教育活動や子どもの学校生活を決める大事なことが、年度当初に集中しているのである。そのため多くのことが見切り発車のまま新学期がスタートし、五月の連休が明けてようやく落ち着いて授業が始まるかと思えば行事も立ててこんでくる。研究活動もやっと連休明けから体制づくりに入るという学校も多かろう。これでは一年を通じて充実した授業や研究に打ち込むことはできない。そこで、一月から一二月までを一年ととらえ直す「一二月決算」にしてはどうか。一二月に学校評価や次年度計画、教師の担当事務などを決め、一月から新しい体制に移るのである。これで三、四月の過度の負担を軽減できる。

なお、教育委員会への教育課程届は三月に行っているが、既に一二月には完成しているため、教育委員会から多くの提出書類を求められても即座に対応できる。転任者の校務分掌は、新しく異動してきた職員がその分掌を担当することになる。直後プラン（ＤＣＡＰ）の集積で、翌年の計画や実施要領は出来上がっているので、引き継ぎに苦労することもない。

②柔軟な時程

今までの同じ時間に始まり同じ時間に終わる時程では、授業時数の確保は大変難しい。学校行事や練習、研究授業や研修会等により、授業時間が犠牲になることも多い。授業時間が増えた現在、これまでの発想で時程を組んでいては年間計画も窮屈なものになるのは目に見えている。だからこそ、行事や研究授業に柔軟に対応できる柔軟な週時程にすることが必要である。

午前は基本的に全学級同じ時程としているが、教師に出張者がいたり、研究会があったりする時は、学級によっては、午後の授業を繰り上げて午前五時間の時程を実施する。チャイムをなくし、柔軟に授業を運営できるようにするのである。つまり、どのようなことが起こっても授業はカットしないことを徹底することである。このことにより、授業時数の確保ができるようになる。

③ 一〇〇時間以上の余剰時数は確保できる

朝、子どもが登校している中で職員朝会を行ってよいだろうか。会議や出張があるからという理由で子どもを早く帰してよいだろうか。学校や教師の都合で子どもの学校生活に影響を与えてきた学校常識は変えなければならない。共働きの保護者が多くなったことも考えるべきである。そこで、朝会なども持ち方にも工夫が必要である。例えば、職員朝会は夕方に開催、職員会議を行う場合は子どものいない時間帯で行う、研究授業や研究会は特設の時間に実施、生徒指導の研修やＰＴＡ行事や個人面談は長期休業中に開催、校外の研修会に全員で行く時は午前五時間授業を実施、一年中五時間授業は必ず行うといったことを徹底すれば、標準時数を年間一〇〇時間以上超えることは可能である。実際、勤務校では、このことにより、下学年は一五〇時間、上学年は一〇〇時間以上、標準時数を超えることができた。以下は、勤務校で保護者向けに出した学校だよりである。保護者は子どもの授業がカットされることに意外と敏感である。先生の都合で授業が減らされたということでは、学校に対する信頼度も落ちかねない。信頼される学校づくりのためには、学校の取組みを保護者に伝えることが大切である。

「授業時数の確保」

学校だより　平成××年三月号

〈余剰が一〇〇時間を超える理由〉

子どもたちが登校した日に、四時間未満で下校することは、ほとんどありません。特に給食がある日は、五時間以上の授業を必ず行います。

①職員会議なし

本校は、教育活動直後に五分間程度のワークショップミーティングを行い次年度の計画（直後プラン）を立てています。実施直後ですので質の高い教育活動計画を立てることができます。そのため職員会議がありません。

②各種会議なし

生徒指導や教務部会等の会議もほとんどありません。一役一人制による運営組織にしているからです。ワークショップで考えた案を一人の教師が事案決定システムで提案しています。

③研究会の時も五時間授業

研究会があるので四時間で下校させることはありません。全校五時間の授業を行った上で特設の六時間目に研究授業を行います。研究授業後の授業改善プラン作成がワークショップ型となっていますから中味の濃い協議となっています。

④個人面談は夏休み

学期中に個人面談は行いません。授業時数が減るからです。夏休みに行うと、担任は時間を気にせずお話ができます。

⑤出張の時は午前五時間

他校に出張する時は、午前五時間授業にしています。教師の都合で授業時数を減らしたくないからです。他校で学んだことは、校内で「ちょこっと塾」を開き学び合っています。

⑥行事はできるだけ特設六時間目に

行事を行うと時間がかかります。そこでできるだけ教科時間にかからないように特設六時間目に行うようにしています。

⑦保護者会は授業後

教科時数を確保するために、授業後に行っています。保護者会のため子どもを四時間だけの授業で帰すことはしません。全校、同じ日に時間を変え保護者会を実施しています。

⑧行事のリハーサルなし

練習、練習、そして本番という形をなくしました。運動会のダンスも二月より始まりました。放課後や総合的な学習の時間を使いながら練習をします。ゆとりある中で本番を迎えます。

〈振替なしの土曜授業はしません〉

各学年の余剰時数が一〇〇時間を超えています。学校改革の成果です。東京都教育委員会は、今春より土曜授業を月に二回まで許可する方針を出しました。新学習指導要領実施に伴い授業時間や教える内容が増えることを見越しての対応だと思います。

本校ではすでに対策をとっていますので新たに対応することはありません。全国の学校関係者が本校に来校されるのは、すでに整っている対応策を見たいからです。年度末の現在も見学者が絶えません。

〈新三年生以上は、六時間授業〉

総合的な学習の充実を目指します。運動会の表現を縦割りで行います。月・水曜日の五校時以外は、すべて六校時授業となります。

④夏季休業中に指導計画作成や会議を開催

学期中はできるだけ子どもと向き合うために会議をしない。また、一月～三月の忙しい時期に教科の指導計画などは作成せず、夏季休業中に行うとよい。

○次年度の指導計画を作成する

資料収集を行い、ゆとりの中で指導計画を作成する。教科の指導計画、少人数指導計画、道徳指導計画、総合的な学習指導計画、英語活動指導計画などを夏季休業中に作成する。

○生徒指導全体会を開催する

五月頃、教師全体で子ども理解のため会議を開く学校がある。価値があるだろうか。「学校全体で声を掛け合って」という不思議な結論で終え、担任の自助努力に任せられるのが現状である。それならば、夏季休業中に担任が経験したことをレポートし、ワークショップで学び合うようにした方が効果的である。子どもの様子を知らせるための報告会より、対応策を報告し合う方が、価値がある。

○個人面談（三者面談）を行う

子どもの環境を理解するために五月頃、個人面談や家庭訪問を行う学校がある。担任が変わるたびに行うこともあるので家庭の負担も大きい。子どもに問題行動があれば、その時に家庭訪問をすればことは済む。ゆったり過ごせる夏季休業中に時間を使い、個人面談を行うとよい。授業カットをしなくて済む。何よりも子どもと保護者と教師が共通した目標を見つけることができる。

学期中はできるだけ子どもと向き合う時間を確保する。そのため、次年度のカリキュラムの方針、新年度の年間指導計画、新年度評価計画などは夏季休業に作成・決定する。これにより、ゆとりのある仕事を行うことができ、充実した教育課程に仕上げることができる。

(5) 子ども中心の発想で活動を見直す

このほかにも、従来の学校常識を見直し、教育理念の達成に向けて様々な改革は可能である。そのいくつかを、実際の取組みを例に提案したい。

①学びの交流活動

価値ある学びを異学年で学ぶ。単なる縦割り遊びでは考える力が育たない。異学年で協力して学び合うことを通して、縦のつながりを深め、好ましい人間関係を築きたい。上学年は教えることで自らの力を磨き、下学年は、教わることで、つながり感をもつことができる。

「学びの交流活動を開始」

学校だより　平成××年四月号

〈これからの縦割り班活動〉

これまでの反省に立ち、異年齢集団による学びの活動を通して、子どもたちの縦のつながりを深め、好ましい人間関係を築いていきます。お互いに認めていくこと、信頼すること、思いやりの気持ちを持つことを全教育活動で育てていきます。そのために学びの交流活動を教育課程に位置づけました。

〈学びの交流活動の内容〉

これまでの特別活動を主としていた縦割り班活動は、とりあえず休止とします。代わって学びの中での縦割りや異学年交流を進めます。具体的には、次のような内容となります。

- レッツゴー学校探検　一年生と二年生が生活科の学習の中で学校探検を行います。
- お掃除ってどうするの　担任が指導していたことを六年生が代わって一年生に掃除の仕方

を教えます。
・楽しいリコーダー　四年生が三年生にリコーダーの使い方を教えます。音楽の中で教えます。
・はじめてのミシン　五年生の家庭科の時間に、六年生からミシンの使い方を学びます。
・校歌を伝えよう　四年生が一年生に音楽の時間に校歌を教えます。
・やご救出作戦　三年生と四年生が、総合的な学習の時間にプールからやごを救出します。
・給食マナー　六年生が一年生に、特別活動の時間に給食のマナーを教えます。
・なかよし遠足　交流学年で、近くの公園に行き交流をします。
・合唱コンクール　全校で、学級対抗の形で合唱を競います。初めてのことです。音楽の時間として扱います。
　以上の他に、たくさんの内容を予定しています。これまでに経験しなかったことを教育課程に位置付けます。こうした異学年交流のシステムが学校の特色となるのは間違いありません。ぜひともリニューアルした教育に期待してください。

②子どもが考える表現活動、地域・保護者・中学生をスタッフとして迎え入れる運動会

運動会は、子どもが自ら判断し、短い練習時間のうちに進める。練習のための特別日程は組まない。全体練習は一回とし、リハーサルは行わない。本番は練習時と同じ形態をとる。用具係や放送

係等は置かない。早めの計画と準備により子どもに過度な負担を与えない。専科・講師の時間、少人数算数の時間を練習時間に使わない。学びの交流種目（三年生以上の縦割り表現）を入れる。地域参加の種目や親子種目を入れる。地域と共に歩む学校の一環とし、夜の反省会も地域と共に行う。当日、中学生・地域・保護者をスタッフとして参加させ、教師は、児童席にいる。運動会前日は振り返りの日とし、練習は行わない。運動会は日頃の学習の成果を発表する場ととらえ、運営についても、学校外のスタッフとともに協働して進めていくという発想で取り組めば、子ども、保護者・地域の人々にも、より有意義なものとなる。

「運動会の縦割りリズム」

学校だより　平成××年七月号

〈これまでの運動会の表現運動課題〉

これまでの運動会のダンスにはいくつかの課題があります。教師が考えたことを子どもが受け身になってこなしてきました。また、見栄え中心型であり、創り上げていく過程での学び合いがありません。発表が次の学習意欲付けになっていません。

〈改善されなかった理由〉

「子どもが自ら学ぶ」。このことは学校教育の不易なことです。しかし、これまでの表現活動は、教師が考え、子どもがこなす形態になりがちでした。そこには、子どもたちが自ら考える余地がなかったのです。

また、変化を求めない、指導者中心型の体制が学校にあったからです。そこで、「子どもが自ら考え、自ら判断し、自ら表現する」運動会といたします。運動会の表現活動の内容を変えることは、学校や教師の指導の在り方を大きく変えることにもなります。日本の学校教育を変えることにもつながります。本校は自信をもって変えることにチャレンジいたします。

〈培いたい資質と能力〉

・三年生から六年生が縦割りのグループを作り、力を合わせて表現活動を創りあげます。共に楽しむことを通して、協力して取り組むよさを感じとります。（協同）

・自らダンスに取り組み、友達と力を合わせて活動したことや楽しかったことを振り返り、今後の学習に生かすようにします。（振り返り）

〈活動の流れ〉

(1)表現活動の決定まで

六年生一人ひとりがまずどんな表現活動に取り組みたいかを考えます。提案者が六年生に提案し、四つのグループを作ります。グループで提案したい内容を三～五年生に提案します。

(2)練習方法

各学年、グループで総合的な学習の時間に練習をします。昼会の時間を使い、グループで全体練習をします。放課後を使い、グループで練習をします。

〈予想される子どもの育ち〉

五・六年生たちは、これまで総合的な学習の時間を使って表現活動に取り組んだ経験があります。「自分たちで考えたい」ということを基本にしてきました。高学年の子どもたちには、教師が考えた振り付けではなく、自分たちで考えた振り付けで表現活動をしたいという思いがすでにあります。このことは、三・四年生も同じです。

〈リーダーの育ち〉

子どもたちの中からリーダーを決めることになります。どの子も手を挙げて欲しいと思います。まず、六年生だけでリーダーを決め、グループ編成を行い練習をします。リーダーはリーダーシップが育ち、他の六年生は、下級生への指導力が育ちます。

他学年もそれぞれの学年内でリーダーを置くことになります。リーダーは友達と一緒に取り組む楽しさや、相談しながら創りあげる楽しさを感じとると思います。このことがクラスや委員会などのリーダー育成につながります。

〈異学年交流での育ち〉

本校は、価値ある異学年交流をこれまで行ってきました。学びの交流という形で主に教科内での交流です。今回も、総合的な学習内での異学年交流です。縦割り学年の交流を通して、協力することの大切さや一緒に創り上げていく喜びを感じ取ると思います。


〈表現活動の評価〉

これまでの見栄え中心の評価ではなく、創作したことや友達と力を合わせたこと、教師の手を借りずに自分たちで創り上げたところなどをぜひ評価してください。子どもたちが自ら取り組んだことに拍手を送っていただきたいと思います。

③学校評議委員や地域ボランティアが主催する読書選手権
子どもに良書を読ませることは、学力面からも情操面からも非常に大事なことの一つである。そこで、課題図書を選定し、読んで得たことをクイズ形式で競わせることも、子どもに読書への興味を持たせるための工夫である。勤務校では、地域の人に主催してもらい、異学年交流のクイズ大会を行った。子どもは学校だけではなく地域と共に育てることのねらいも含めた。

「読書選手権の開催」

学校だより　平成××年一二月号

〈読書選手権とは〉

全員がある一冊の本を読み、内容に関連するクイズに答え、一番、正解の多い人を決める大会のことです。

〈読書選手権を開催する背景〉

子どもたちに本離れの実態があります。本校でも本にまったく親しんでいない子がいます。年に一冊でもよいから本を読んで欲しいのです。また、みんなで楽しみながら本を読み合うことを目指しています。

〈読書選手権での職員間の確認事項〉

①ねらい

子どもが進んで読書に取り組む。読書を通して、異学年との交流をする

②日　時　一月一九日　六・七校時　一三時五五分〜

③場　所　体育館

④課題図書 『○○○○』

⑤事前準備

選手権連絡員（図書委員）を各学級で一名選び、担当の先生へ報告する。各学級で三～四名のチームを作り、メンバー表を選手権連絡員に提出し、担当の先生へ届ける。各チームは、自分たちで考えた問題四問と三択の答えを連絡員へ提出し、連絡員は担当の先生へ届ける。連絡員は、各チームで作成した問題一覧を担当の先生と作成する。また、一回戦用二〇問を、担当の先生と作成する。敗者復活用一〇問、○×クイズを、図工専科の先生と作成する。

学級ごとにいくつかのチームに分かれ、ドリルタイムの時間に、全学級で一回戦を実施する。その後、連絡員・担任が採点し、結果の報告を担当の先生へ報告する。連絡員は、各学級で、二回戦に出る上位七チームを報告する。

〈読書選手権大会の方法〉

一回戦は、課題図書に関する三択クイズを二〇問行い、全校で七チームを決定する。二回戦では、上位七チームがトーナメント方式で早押し三問クイズに挑戦する。決勝戦は、五分以内で二〇〇字以内に書いた作文で優勝チームを決定する（評価基準，字数一六〇字以上、筆者の考えに関する自分の考えを示す）。全員、五分以内で振り返りを書く。上位七チームに表彰状を出す。

〈読書選手権への期待〉

五年ほど前に本校を会場とし、市全体の希望者による大会が開催されました。子どもたちと教師が参加しました。楽しみながら本のすばらしさを理解することができました。

現在、環境の大切さへの取組みを様々な組織で行っています。本校でも今回の読書選手権で取り組みます。四年生が取り組んでいます節水プロジェクトや節電への取組みへの支援にもなります。

学校のリニューアルとして様々な改革を行って参りました。今回の読書選手権もその一つとなります。大きな行事として育てていきます。保護者の参観も可能ですので、ぜひご来校ください。

④始業式・入学式の合体

始業式と入学式を合体させてみる。それぞれの行事の意義を保障しながら、効率的に取り組むことによって、余計な慌しさを解消することができる。具体的には、子どもは登校したら、クラス分けの名簿をもらう。その後、一度教室に入る。新担任は、教室で待つ。転入生がいる場合は、校長室に行き、子どもを教室まで連れていく。体育館に椅子をもって移動する。在校生で始業式を行い、引き続いて新入生を迎えて入学式を行う。始業式と入学式は別々なものととらえがちだが、合体させることによって、二つの行事の負担を軽くでき、子どもたちにもよい緊張感をもって取り組むことができるのである。

⑤ 一人ひとりが生き方を表現する卒業式

予め用意された全員での呼びかけ調の卒業式では、子どもは育たない。卒業式は、表現力を育てる最後の授業の場である。子どもたち一人ひとりが学校生活をふり返り、自分の成長とこれからの生き方を自分の言葉で発表する場とすることが大切である。

まず、振り返りノートなどを読み返し、これまでの経験を通して、自分の生き方の課題を見付ける。自分の課題を解決するために、具体的にどんなことをすればよいかを考える。自分の良いところを探す。よりよく生きていくために、自分の思いや考えを文章と言葉で分かりやすく卒業式の場で表現をする。在校中の全ての教科学習や総合的な学習などのまとめとして、将来、何を実行するかの宣言をする場としてはどうか。

呼びかけ調の卒業式は、教師や保護者には満足度は高いが子どものその後の生き方にはつながっていかない。卒業式を、表現力を発揮する最後の場として取り組むことによって、進学先での活躍につながっていく。また、呼びかけ調は全体練習の時間が増え、かなりの練習時間を費やし、そのために教科学習にも影響が出る。また、子どもや教師にゆとりがなくなる。そこで、運動会と同様、リハーサル時間も最小にとどめ、自らの言葉で語る場とすることである。

「自分さがしの旅（卒業式も変わります）」

学校だより　平成××年一二月号

〈学ぶゆとりの中の卒業式〉

二学期制のねらいは、子どもたちの学びのゆとりです。学びのゆとりとは、子どもたちが自ら学ぶためのゆとりです。教師主体の授業の学びでは、ゆとりはありません。そこで、学びのゆとりの中で、子どもたちが生き方を自ら考え、判断し、表現する自分さがしのための卒業式へ変えます。これまで本校は、子どもたちの「呼びかけ調」の卒業式を行ってきました。子どもたちの意見を集約したとはいえ、教師が作り上げた台本を基にした呼びかけ調のゆとりのない卒業式でした。

〈卒業式は最後の授業の場〉

これまでの卒業式では、一人ひとりの成長、すなわち自らの生き方を振り返ったり、これからの生き方を模索することはできません。そこで、二学期制で学ぶ時間にゆとりができた今、総合的な学習のねらいのひとつである「自分さがし」を最後の授業の場とします。

内容は、おおよそ二通りです。一つは、卒業式までに一年間、何らかの形で子どもたちがボランティアをします。ボランティアを通して自分を見つめ直します。二つ目は卒業式の場を「自分さがしの」発表の場といたします。

〈「自分さがし」の発表の場〉

総合的な学習「自分さがし」を八時間の構成とします。自分の生き方を子どもたち一人ひとりが発表します。これまでの「夢」や「希望」をただ発表するのではありません。担任は、子ども一人ひとりに「三つの知」を獲得させるようにします。

まず、自分の課題内容を設定します（内容知）。次に自分の課題を解決するためにどのようなことをすればよいのかを考えます（方法知）。それを自分の生き方に生かします（人間知）。具体的には、子どもたちが次のことをまとめます。自分が経験したこと、経験から学んだこと、経験を自分の生き方としてまとめます。

子どもたち一人ひとりがこれまでの生きてきた中で学んだことを整理し、これからの自分の生き方をどうするかを発表します。これまでの、「見せる卒業式」から、「生き方を発表する卒業式」とします。学校では、このように、多くの行事や学習の場において、子どもたちが「自ら考え、判断し、表現する」ようにしてきております。今後もどうぞご期待ください。

⑥学級対抗合唱コンクール

一年中、校内に歌声が響くことがねらいである。半年間かけて練習し、学級対抗で競わせることにより、団結する心が芽生える。教師抜きの自主練習も多くなり、より高い質を追求できる。通り一遍の音楽会では、単に発表だけの会となり、学級の団結はできない。

そこで、クラスごとに「課題曲」「自由曲」を発表するコンクールとする。指揮は担任が担当する。伴奏は子ども・保護者・地域・教師が行う。四月より練習を開始し、本番の一〇月までじっくり練習をする。金賞を獲った学級は、市の音楽祭へ出場する。金賞学級の自由曲を、六年生を送る会と卒業式で歌う。指導は、金賞学級の子どもたちが行う。

校庭での早朝練習の歌声が地域住民の心を和ませ、自ら考え表現する学習指導要領の理念が合唱コンクールで生かされる。子どもたちが友達と共に頑張り抜くことを体験することは、学級にも大きな影響を与えると共に、教科学習に向かう意欲を高めることもできる。合唱コンクールは、学校が大きく成長する要素になる。

「合唱コンクール」

学校だより　平成××年七月号

〈何故、開催するのか〉

子どもたちは、これまで学習や運動の面に多くの時間をかけることが多かったと思います。とりわけ、運動面での発表の機会が評価されることが多くありました。一方、文化的な面での取組みが少なかったと思います。子どもは、一人ひとり活躍できる場は違います。私は、人の心を豊かにする文化的な面での学習も極めて大切だと考えます。そこで、本年度より合唱コンクールを新しく開催し、子どもたちの感性を育てていきます。合唱コンクールは、学級全体で取り組みます。学習発表会的要素もありますので、もう一つの音楽の面での学習発表会ととらえてください。

〈合唱コンクールのねらい〉

子どもたちの歌声を聴きますと、全部が合格とはいえない面があります。自信がないためか歌う声が小さい時もあります。この課題を解決するのが合唱コンクールです。自ら進んで元気よく歌う、歌う楽しさを知る、クラスが一つになること等がねらいです。

〈あえて賞を設定〉

合唱の会であれば、自分たちの学級以外の合唱を聴くことでよいと思います。しかし子どもたちが協力し合って歌うことに本校の課題がありますので、今回から学級対抗のコンクール的要素をあえて入れます。みんなで、教師に頼らず自分たちで練習をし、心を一つにして賞をとって欲しいのです。目標を達成するための賞なのです。そこで、全校で「金賞」を一つ、金賞以外の学級にもすべて賞を出すようにします。

〈賞の基準〉

　何よりも、子どもたちの団結力をみたいと思います。審査基準は、学級のチームワーク、練習の回数や工夫した点、歌うマナー、聴く態度、表現力等です。審査を五つ目の基準としましたのは、うまく歌うことより、助け合ってみんなで歌うことに努力をして欲しいからです。子どもたちのチームワークや練習の回数や工夫した点を調査するのは、音楽委員会の子どもたちです。一人ひとりの子どもたちに「振り返りカード」を配布し、練習の過程を大切にするよう指導します。


〈服装〉

　本来なら、普段着で構いませんが、音楽の場でのマナーを今回は学ばせたいと思います。そこで本年度から、上は白っぽいもの、下は黒っぽいものといたします。半袖や長袖の長さは何でも構いません。ご家庭のご協力をお願いいたします。


〈大人の合唱（童謡）に参加を〉

　これまで、このような行事の出し物は、教師だけが出演していました。しかし、学校は、保護者・地域の方のお力をお借りし、運営をしております。ぜひとも保護者の皆様も練習に参加していただき、コンクールを盛り上げて欲しいと思います。

⑦近所グループ緊急下校訓練

現状の下校訓練は、開始してから下校まで四〇分以上かかるなど時間がかかり過ぎる面がある。訓練のため訓練となっており、非現実的なものとなっている場合が多い。これまでの訓練型を繰り返していたら、甚大な被害に見舞われる可能性が高い。東日本大震災にマニュアルが役に立たなかった学校があったことを強く認識する必要がある。マニュアルから離れ、例えば、朝一緒に登校した子ども同士で帰宅させるなど、子どもの命を守る実践的な内容とすべきである。住む地区ごとに集まり、全員が揃うまで人員を点呼し、帰宅させるといった手続き主義の方法は現実的ではない。

2　学力向上のマネジメント

子どもの学力が向上しない理由は学校自身にある。運動会の練習など特別時程を組んだり、研究授業で授業をカットしたりするなど、学校にとっての「当たり前」を続けていることに原因があることは、これまでも述べてきた。また、学力調査の数値から導き出された学力向上施策のみを続けていることも要因と思われる。

そこで、子どもたちの学力を向上させることを目標に、学校システムと校内研究システムを改善することが今こそ必要なのである。その際、経営改善（子どもと向き合う時間を確保）による学力の向上、授業改善による学力の向上、校内研究による学力の向上等がポイントであり、それらを連動させることが重要である。以下、具体的に取り組んできた事例をあげながら、学力向上の方策を述べていくことにしたい。

(1) 授業改善策

教師と子どもの一問一答形式の授業の進め方では、授業についていけない子どもが出る。その時間をなんとなく過ごす子どもも出てくる。そこで教師の教え込みの授業、子どもが質問をしないような授業、子どもが自ら考えないような授業はすぐに見直さなければならない。「問題解決的」な授業と学力向上策との連動を図ることが必要なのである。

(2) 毎日の放課後学習

まず会議を減らし、毎日、放課後学習を行うとよい。学習の苦手な子どもは、教師が繰り返し指導を行うことで、基礎的・基本的な内容が定着する。結果は、「全国学力・学習状況調査」のA問題の正答率などに表れよう。放課後に、その日に学びそこねたことを確かに身に付けさせて帰してあげるのも学校の責任といえるのではないだろうか。さらに、教師が子ども一人ひとりの学びを確かにするための丁寧な指導を行っていくことは、教師が常に子どものそばにいるという、学校の原点に返ることができると思うのである。

「放課後学習」

学校だより　平成××年七月号

〈子どもと向き合う〉

「教師が子どもと向き合う時間の確保」、これは平成二三年度から実施される新学習指導要領の趣旨の一つです。学校では、教師の会議を精選したり、事案を決定するシステムを構築してきました。その結果、会議なしの学校となりました。その分、放課後学習の時間を増やし、子どもと向き合うようにしております。

〈毎日が放課後学習〉

子どもと向き合う時間を確保したかったのは、子どもたちの学習の習得状況に課題があったからです。数年前から何とかしなくてはと考え、学校をリニューアルしてきました。子どもたちが学習内容を習得するために、授業改善や学力向上のための様々な施策を推進してまいりました。その中でも毎日の放課後学習を学力向上の柱にしております。

〈放課後学習の内容〉

国語や算数等の基本的な学習が中心となります。ドリルも基本的な学習内容を習得させるための一つです。また、図工や音楽・総合的な学習等の放課後学習もあります。

〈早く下校させることはしません〉

学校では学習時間内に与えられた課題を解決するように指導をしております。子どもたちが学習内容を理解することは、すべての基本です。できるだけ、それを補うための時間を放課後にとります。学習に課題があったり、各種作業に個人差がある時は即座に放課後学習を行います。放課後学習は、全学級で取り組むのが校長の方針ですので学級間の取組みに違いはありません。

〈下校が心配の場合〉

全員一律に下校をさせますと放課後学習はできません。実施するために子どもたちの下校時間はまちまちとなります。実施した場合は、できるだけ複数で帰宅させるようにします。ご心配の場合やお出かけする場合は、ご来校いただけますと助かります。学力向上のために本校の教師は子どもと向き合っていますのでご協力をお願いいたします。

(3) セカンドスクール

放課後学習は学級単位で行うのに対し、「セカンドスクール」は、教科を決め、学習に苦手意識のある子どもたちだけで集まり、専科教師が行う補習授業である。

分からないことをその場で質問し、その場で解決できるため、参加する子どもの満足度は非常に高い。勤務校では、セカンドスクールから学級に帰ると、「今日は、数直線図が使えるようになった！」と嬉しそうに話す子どももいた。一つでも「できた」「わかった」という手応えを持たせることは、その後の授業への意欲を高めることにもつながる。子どもの学びを取りこぼさないという姿勢が校長はじめ教職員には求められるのである。
専科の教師が指導に当たることにも、大きなメリットがある。担任だけではなく、全教師で子どもたちを見守り、責任を持って指導していく風土づくりにつながるからである。

学校だより　平成××年六月号

「セカンドスクールスタート」

〈ねらい〉
セカンドスクールは、基礎学力に課題がある子が自ら挑戦するための教室です。日々の授業の中では、どうしても学習を理解ができない、このままいくと理解できずに学年が進行してしまうという子のためのサポート教室です。これまでも、各学級で放課後学習や夏のサマースクール等でサポートをしてきました。しかし、これだけでは不十分な子どもたちがいました。一人でも「分かる子」を育てたいという校長の方針のもと、セカンドスクールを進めてまいります。学校全体の放課後学習と受け止めてください。

〈指導者〉
サマースクールと同様、教師、地域、保護者、中学生の人たちで構成します。将来は、高校生も入れていく予定です。まずは、本校教師が指導の一歩を踏み出します。指導者につきましては、厳しい守秘義務を課します。

〈参加する子ども〉

基礎学力の中でも本当の基礎を学びますので、十分に理解できていない子どもが対象です。繰り上がり繰り下がりのたし算・ひき算、九九、分数等の基礎を学ぶための教室です。当初は、算数から始め、国語、社会等へ広げていきます。参加する・しないは自由ですが、ぜひとも入って欲しい子は入れたいと思います。担任よりご家庭に連絡する場合がありますので、その際はご協力ください。申し込みは、第一回だけとります。

〈実施日と時間〉

新しく金曜日の六校時を設置します。午後二時半より三時半までの一時間、指導いたします。帰宅が遅くなります。学校としては特に連絡いたしませんので、お子さんとよく連絡をとっておいてください。

〈使用教材等〉

当初は、主に「これっきり算数」を使用していきます。教科書等も使います。持ち物は筆記用具です。費用をかけることはしません。

〈家庭と学校との協力〉

確かな学力をつけるために必要なことは、信頼と協力です。「学校にお任せします」と言われましても、学校だけで子どもの学力をつけることは不可能です。学校と家庭、それぞれが役割をしっかり果たし、自分の立場でできないことを他方が補完するという体制が重要です。この体制で子どもに向き合えば、着実に学力をつけていくことができます。子どもの学力のことを真剣に考え、協力し合う大人がたくさんいるほど、子どもの学力が伸びることは間違いありません。

〈ご家庭でもいっしょに勉強を〉

学校ではセカンドスクールで学力をつけていく挑戦をしていきますが、ご家庭でも考えて欲しいことがあります。子どもに「勉強しなさい」と言うだけでは学力はつきません。そこで子どもの近くにいる人（例えば「お母さんも一緒にやってみたい。算数を忘れたから教えて」）が声を掛けることをお薦めしております。子どもは「こんなことも分からないの」と返してきます。きっと自慢そうに教えてくれます。「一緒に考えようね」と教科書から解き方を探らせていくのもよい方法です。子育てとは、こんな些細なことの連続だと思います。

(4) サマースクール

夏季休業中の一か月間を、子どもたちが自分の課題に合ったドリルを使い、学力を上げる時期ととらえたい。学年ごとに「作文講座」「小数講座」「分数講座」等の子どもたちがつまずきそうな単元の集中講座を開き学力の定着・向上を図ることなども有効である。

特に、「サマースクール」の運営を、保護者や地域、卒業生などに担当してもらうとよい。子どもたちには日常とは違う緊張感をもって学習に集中できるし、保護者・地域の方々も学校のスタッフとして参加していただくことで、学校に対する信頼や親近感も高まる、また、教師の負担も減らすことができるのである。サマースクールは、弱点克服や得意分野の伸長といった面で効果が上がり、実際に、学力調査でも予想以上の成果が出た。また、休業中も生活リズムを乱すことがなく過ごすため、休業日明けも通常通り登校できる。学習に対するモチベーションも下げることなく、スムーズに新学期の学習に向かうようになるというメリットもある。

(5) 三者面談

授業時数確保のために、家庭訪問は見直した方がよい。その代わりに、夏期休業中に三者面談を行うことを勧めたい。具体的な資料をもとに、子どもが抱えている課題と改善策をじっくりと話し合うことである。これまでの家庭訪問では学力の向上を図ることは難しいので、子ども・保護者と向き合い、お互いが納得ずくで学力の向上について連携を図っていく場とすることが大事なのである。

三者面談の折に揃える資料は、通知表（できれば自己評価を含むものがよい）、ドリルの記録、各教科や総合的な学習などの学習状況（ノートや作品等）、係や当番の活動状況、夏期休業中の具体的なめあて（例：サマースクールに一〇回以上参加して、漢字を身に付ける等といった目標）、全国学力の向上を図る調査の結果等、できるだけ客観的な資料を取り揃えることが望ましい。

面談では、説明責任を果たすとともに、子どもがめあてをもって今後の学校生活を送ることができるように打ち合わせを行うことである。特に次の点をふまえて三者面談を行うとよい。①概念的な説明ではなく、具体的な資料をもとに説明を行う、②夏期休業中の具体的な目当てを七月初旬までに子どもに立てさせ、教師の指導を加えた上で三者が確認できるようにする、③三者面談で話し合われたことが、その場限りではなく以降の学校生活で達成できたかを継続的に評価していく等である。

⑹ 学力調査マネジメント

学力調査は、学習状況のデータをとるものとされてきた。果たしてそれでよいのだろうか。学力調査の目的は、子どもの学力の実態調査だけでなく、教師の授業改善のためにもある。そのためには、学力調査の結果をすぐに分析し、直後に指導を改善することが求められる。例えば、調査時に子どもたちが写し用の解答用紙に自らの解答を写す。それをもとに、全教師と答え合わせを行う。各教室に二、三人の教師を配置し、補助教師が個別指導を行うといった具合である。

補習実施後、今後の学習で取り組むことを「振り返り」に書かせると、子どもたちは、これまでの学習の成果と課題を客観的に捉えることができ、以後の学習に対するめあてを持つことができるようになる。また、全校体制で取り組めば、学力調査の結果を生かした授業改善の風土ができるのである。

(7)「これっきり○○シリーズ」

学習につまずきのある子どものため、専用のテキストを開発することは効果的な取組みとなる。学習の到達状況に応じたテキストは、子どもに個に応じた丁寧な指導を行うツールとなる。

勤務校では、これを「これっきり国語」「これっきり算数」といういわゆる「これっきり○○シリーズ」として各教科における基礎基本の学習のためのテキストを開発した。東京都教育委員会は平成二〇年に、子どもの学習のつまずきの傾向を分析し、その資質・能力に応じた指導方法を示した指導基準＝「東京ミニマム」を発表した。この基準を基に、「これっきり算数」であれば算数における基本中の基本問題を一〇〇問選び、編集をした。セカンドスクールと、夏期休業中のサマースクールで使用したが、学習範囲が明確になったことで、子どもたちも意欲的に取り組むようになった。厳選された内容を繰り返すことで習得が図られ、学習に自信が持つ子が増えたのである。

「これっきり算数（学力向上テキスト）」

学校だより　平成××年九月号

〈ねらい〉

「これっきり算数」が完成し、夏休みより使用しました。これっきり算数のねらいは、「学習が分からない子に、生きる上で必要な算数の知識・技能を確実に身に付けさせる」ことです。

〈これっきり算数を作成した背景〉

学習につまずきのある子ども用のテキストがありませんでした。教師側は、基礎・基本の内容を指導する資料を一冊にまとめていませんでした。個に応じた指導を十分にできないまま、中学校に子どもを送っていました。

〈東京ミニマムとの関連〉

毎年、東京都教育委員会は、全都の子どもの学力を調査しています。学力でつまずいている内容を分析し、対策を学校に提言しています。それが、東京ミニマムです。本校は、その提案を受け、子どもたちに算数の基本中の基本を身に付けさせる資料（これっきり算数）を作成しました。東京ミニマムと「これっきり算数」は連動しています。

〈作成方法〉

全教師とボランティアで作成しました。まず、全教師が算数の教科書や資料から基本中の基本の問題を一〇〇問選びました。その後、ボランティアの方が、パソコンで作成し、印刷をしてくださいました。

〈指導する上で配慮していること〉

テキストは、セカンドスクールで使用します。夏のサマースクールでも使います。授業でも使用します。答えを暗記するまで取り組ませます。最後の問題まで終わったら、また最初から始めさせます。子どもが分からなければ、指導をさらに工夫します。原則として、二学年下より問題を解かせるようにしています。

〈校長の思い〉

本屋さんには、算数の受験用の本がたくさんあります。しかし、算数の分からない子ども用の本はありませんでした。そこで、本校独自で「これっきり算数」を開発しました。なんとしても、これだけは分かって欲しいという思いがあったからです。

作成して分かったことは、「これっきり算数」のようなテキストがなかったことです。このテキストで子どもたちが「算数が分かった、学力が上がった」という声が聞こえるのが私の願いです。なお、全家庭には配布いたしませんが、どうしても欲しい方は、担任へご連絡ください。

(8) ドリル・漢字検定

全ての子どもに基礎的・基本的な内容を定着させるため、独自に作成したドリル教材を作成したり、漢字検定に取り組むことも勧めたい。「ドリル」は、ドリルタイムや放課後学習等で使用し、子どもの習熟に応じて随時改訂するとよい。ドリルには記録を付けさせ、子どもが自分の学習課題をクリアしてきた履歴を残せるようにしたい。

また、漢字検定は、難易度によって「級」を設定し、子どもの学習意欲を高めたり、繰り返し取り組めるような工夫をするとよい。

ドリルにしても漢字検定にしても、大事なことは子ども自身がどれだけ努力したかが見えるようにすることである。要は、継続的に取り組み、自分の学習のレベルが上がっていくことを実感できるようにすることが大事である。

⑼「まなブック」

授業は、本来、子どもが自ら進めるものである。しかし、教師が中心となり行っているのが学校の現状である。そのため、毎年、授業改善策を立てても学力が向上しないことが多い。子どもが自ら学び、自ら考え、自分たちで授業を進めようとする授業形態ではないからである。これを解決しない限り、これからも教師中心の授業は続き学力の向上は望めない。また、子どもにとって忍耐の授業が続く。

多くの教師は、自分の授業がうまくなりたいと考えている。それは大変重要なことだが、子どもが自ら学ぶためには、子ども自身が「授業名人」にならなければならない。そこで、子どもたち自らが授業を進めることができるガイドブックが必要である。

勤務校では、これを「まなブック」と名付け、子どもたちが主体的に学び合い、問題解決型の学習ができることを目指した。「まなブック」には、司会の仕方、グループ学習の仕方、情報交換の仕方等を記し、学び合いで使う言葉（「学習言語わざ」と呼んだ）として、「まず、次に、最後に……」等を決め、子どもたち自身で授業を進められるようにした。

「まなブック」の最初のページにはこう記した。

「このまなブックは、みなさんが先生を頼らず、自分たちで授業を進めるための方法をまとめた本です。授業に参加するための心構え、わからない問題にぶつかった時のためのヒントが載ってい

ます。この本にある学習の仕方を参考にすれば、どうやって考えればよいか、どうやって表現すればよいかが分かるようになっています」

「まなブック」によって、子どもたちの〝自主運営〟による授業が実現した。教師は随時、授業をコントロールし、子どもたちの学びを深めるガイド役となった。自らの考えを交流させることによって、一人ひとりのノートも中身の濃いものとなり、物事を観察したり、考察したり、要約したり、論理的に話したりする力が目に見えて身に付いていった。こうした力を授業の中で身に付けさせたことが、確かな学力向上につながっていったのである。保護者からも、「どうやって勉強すればいいかが分かってよい」「家庭学習に役立った」などの声が聞かれた。教師からは、指導のポイントが明確になり授業づくりの際に活用できたという意見が出された。

授業づくりの発想を変え、問題解決型の学習を子ども自らが〝運営〟していくような授業に転換していくべきと考える。そのためのガイドブックも学力づくりのツールとなるのである。

「まなブック」

学校だより　平成××年四月号

〈まなブックとは〉

先生の力を借りず、自分たちで授業を進めるための方法をまとめた本のことです。子どもたちが自ら先生になった気分で授業を進めていくための極意がふんだんに記してあります。

〈まなブックを作成した背景〉

これまで多くの研究授業を実施してきました。たくさんの収穫を研究授業から得てきました。学力向上のための数々の施策、教師一人ひとりが自らの授業を見直すヒント等です。

しかし、まだまだ子どもが前面に出る授業、自ら考える授業となるためには、課題があります。教師が指導内容を多く説明したり、教授型の授業となりやすい面があります。そのため、どうしても、教師が目立つのです。子どもたちが自ら考える授業形態には到達していないのです。

〈独自の開発〉

まなブックのような学習ガイドブックは、これまでありませんでした。学校独自の開発です。手本のない中での開発でしたが、教師向けの指導の手引書を作成するつもりで開発しましたのでそれほど難しくはありませんでした。教師向けの指導のノウハウがたくさんあったからです。

〈まなブックの内容〉
「問題解決型学習」を定義づけました。この学習方法は、全教科同じです。学び合いの方法は、司会の仕方、グループ学習の仕方、情報交換の仕方等です。学び合いで使う言葉は、「まず、次に、最後に……」等の言葉です。学習言語わざは、書く、読む、聞く、話す、調査等の言語です。振り返りの書き方は、学びの交換便ノート、学びの貯金ノートです。

〈まなブックの効果〉
子どもたちが授業の流し方を知ることができました。見通しをもち授業に取り組んでいます。子どもたちが先生を頼らず、学習に取り組む姿を楽しみにして下さい。

⑽ 教科担任制

小学校における教科担任制のねらいは、教師の専門性を生かし、子どもの学力と学習意欲を向上させることにある。チームで子どもを育てるという協働意識を持たせるためにも取り組んでみるべきである。

教師が好きな教科を指導すれば、その教科を好きな子どもが増える、学力が上がるという単純な発想である。小学校においては、それが子どもの学習意欲を高める近道であることも事実である。授業中の子どもの態度や学習ノートの記述も変わってくる。教師の得意技を生かし、できるだけ多くの教師が子どもと関わるためにも、教科担任制の導入を勧めたい。

学校だより　平成××年三月号

「教科担任制を試行します」

〈教科担任制の背景〉

これまで、小学校では、全科担任制度のもとで一人の担任が、全教科を教えることとされてきました。その結果、教師の考えを子どもたちに伝えることができ、子どもたちの感性も育ちました。ところが、子どもたちの思春期が早まっている現在、一人の教師だけでは、多様な行動をとる子どもたちに、きめ細かく指導しきれない場合があります。

また、ほぼ全教科を担当するため、教材研究や指導方法の研究、その他様々なことに対しての時間的制約があり、思うように成果が上がらなかったことも事実です。こうしたことの解決策の一つが教科担任制です。東京都でも実施している学校が少しずつ増えてきております。

〈目指す教科担任制〉

1　複数の教師で子どものよさを伸ばす

一人の子どもに多くの教師がかかわることにより、子どものよさを多面的に見ることができます。高学年の荒れが目立つ学級を調査すると児童理解が深く、指導力がある教師にも起きているということがわかりました。子どもたちの思春期が早まり、自我が強くなると、先生に合わない子、子ども同士合わない子が出てきます。

一人の子どもに対して多くの教師が授業を担当することにより、子どもを掌握する幅が広がります。また、教師間の話し合いをすることにより多面的に子どもを理解することができ、より的確な指導ができます。多くの教師に見守られているということを、子どもたちが実感できることは幸せなことです。

2　教師の専門性や得意分野を生かす

教科担任制の二番目のメリットは、教師の専門性や得意分野を生かした指導体制をとることにより、学校全体として授業の質を高められることです。これからは一人より組織全体の教師の授業力の向上が問われています。また、学習指導要領のいわゆるはどめ規定がなくなりました。さらなる発展的学習、補充的な学習が求められています。確実な学力をつけるためにも教師が教材研究を一定の教科に集中することで成果が期待できます。

〈教科担任制の内容〉

五、六年の二学年を次年度は試行します。試行した結果をみて将来への結論を出していきます。なお、教科は、理科、社会、体育、家庭科＋総合、の四教科を予定しています。国語と算数は担任が行う予定です。

〈評価（通知表）にかかわること〉

二学期制では、年に二回しか通知表を出せないことになります。教科担任制では、多くの教師が一人の子どもにかかわります。そのため、配慮をしなくてはならないことがたくさんあります。そこで、通知表以外に、ミニ通知表（国語・算数）という形で評価をお知らせする予定です。また、評価をして明らかになった課題を、共に対策を練る機会として夏季休業中に三者面談を予定しています。

⑾ 習熟度別少人数指導での学力向上

習熟度別少人数算数指導は、子ども一人ひとりに学習への興味・関心・意欲をもたせるとともに、習熟度の程度に応じたグループ編成をし、確かな学力を身に付けさせるための指導である。多くの学校でも取り入れていることだと思うが、その取組み方は学校によって様々である。ここでは、勤務校で取り組んだ例を紹介したい。

まず、少人数指導の進め方としては、習熟度別少人数算数年間指導計画に則り、習熟度別少人数算数担当者と学年担任の複数の教師が三〜四のコースに分かれて指導にあたる。対象学年は、第二学年から第六学年までとする。コースは、グリーン、ブルー、オレンジのコース設定とする。年間を通じ、習熟度別の三コースを実施する。教師のコース担当は、固定せず、交代制とする。

グリーンコースは、精選された学習内容を確実に身に付ける。ブルーコースは、教科書の内容を確実に身に付ける。オレンジコースは、教科書の内容を身に付けた上で、発展的な学習に取り組む。

コース選択は、レディネステストの結果をもとに、教師の助言も参考にしながらコースを自分で選ぶ。単元途中でのコース変更も認める。授業は、問題解決的な学習方法を取り入れて行う。金曜日の学年会や放課後の時間等を利用し、習熟度別少人数算数指導担当者と学年で、教材研究や子どもの情報交換を行う。なお、進行や教材の準備等は、習熟度別少人数算数指導担当者が中心になって行う。

評価や評定は、単元ごとに各コース担当者からの報告をもとに三者で決定する。子どもの変容や、習熟度別少人数算数指導の成果等については、習熟度別少人数算数指導だよりで保護者に発信を行う。算数だよりは毎月一五日に発行する。四月、八月に、実施学年と担当者による習熟度別少人数算数指導検討委員会を開き、課題についての改善策を立て、授業改善に努める。

取組み方は、多くの学校と変わりはない。しかし、勤務校では習熟度に分かれはするが、担当の教師たちが活発に情報交換を行いながらチームで取り組むこと、そして検討したことをもとに授業を改善していくことを大事にしている。習熟度別少人数指導は、子どもの個に応じた指導を行うだけでなく、教師力を高めたり、授業を改善することにつながるものという視点が必要だと考える。

⑿ 学力向上チェック表

勤務校は学力向上対策が機能し、子どもたちの学力は階段を上るようであった。一覧表にまとめてみたので自校に当てはめていただきたい。

	学力向上策	留意事項等
1	毎朝、ドリル学習タイムを確保できている	日課表に書く
2	外部人材をドリルに採点や放課後学習等に迎えている	地域を巻き込む
3	放課後学習を毎日、行っている	日課表に書く
4	毎週、漢字検定を行っている	上学年に挑戦させる
5	サマースクールを一か月以上、行っている	休業中も毎日、行う
6	学力に課題がある子を集結させ、学校全体で指導している	セカンドスクールの発想

	7 学力に課題がある子用のテキストを作成している	分かるテキストを作成する
	8 ノートの使い方を、学校全体で決めている	共通した指導を行う
	9 完全習熟度別授業を行っている	均等では、力はつかない
	10 日課表に復習タイムが記載されている	学校全体で取り組む
	11 学力調査の時期に、全職員で対策をとっている	担当学年だけに任せない
	12 教科担任制を実施している（小学校の場合）	好きな教科を指導する
	13 子ども用の学習の手引書を作成している	学び方を身に付けさせる
	14 子ども用の授業参観である授業見学集会を行っている	よい授業を見させる
	15 遊びではなく教科学習の交流を行っている	学びの交流を行う
	16 一人、年二回以上、研究授業を行っている	最低の数値である
	17 ワークショップ研究協議会を行っている	対応策中心の会とする
	18 短時間のうちに研究協議会を終えている	勤務時間までしない
	19 教師用の研究の手引書を開発している	研究には必須である
	20 問題解決的な授業を行っている	子どもが主体的になる
	21 教師が介入しない学び合いの授業ができている	教師が手を引く学びにする
	22 教師が常識を学ぶテキストを開発している	常識を教える時代である
	23 授業研究論文を全教師が書いている	教師の振り返りである

	24	教師がちょこっと学び合う研修会を定例化している	定例の学び合いにする
	25	朝の打ち合わせを止め、子どもを教室で迎えている	夕方行えば済む
	26	会議は、学期中には行わず、長期休業中に行っている	子どもと向き合う時間確保
	27	一役一人制の運営組織で会議を減らしている	教師にゆとりをもたせる
	28	事案決定システムが機能している	職階制を確立する
	29	一年間、授業カットを絶対にしない	簡単にカットしない
	30	行事を減らし、学校全体が学力向上に向かっている	行事を精選する

3　授業改善（校内研修の改革）マネジメント

他校へ異動した教師から相談を受けたことがある。「子どもが話し合いをしようとしない、多くの教師が教え込みの授業をしている、答え合わせの授業が多い、自ら学ばない子どもとなっている」等であった。私は、驚くことはなかった。こうした授業を多く見てきたからである。いくら授業の改善策を提出しても学力は向上しない。授業力の向上も望めない。

かつての校内研究も多くの課題があった。教師全員が研究授業をしていない、子どもが話し合いをする授業研究をしていない、一問一答の授業に鋭く切り込まない研究等があったからである。校内研究が形骸化されていることに気付いた。また、校内研究が活性化するかは、リーダーの役割が大きいことを改めて感じた。

校内研修・研究が機能し、教師の授業力が向上している学校には、必ず「システム」がある。このことに気付き新たなシステムを開発した時から、校内研修の質は高まった。まずは、これまでの校内研究の仕組みを一新し、全員参加型の研究システムを開発することである。授業改善のための「ＤＣＡＰサイクル」を導入することを勧めたい。

授業改善 DCAP サイクルの確立

○年間１人２回の研究授業を行う。

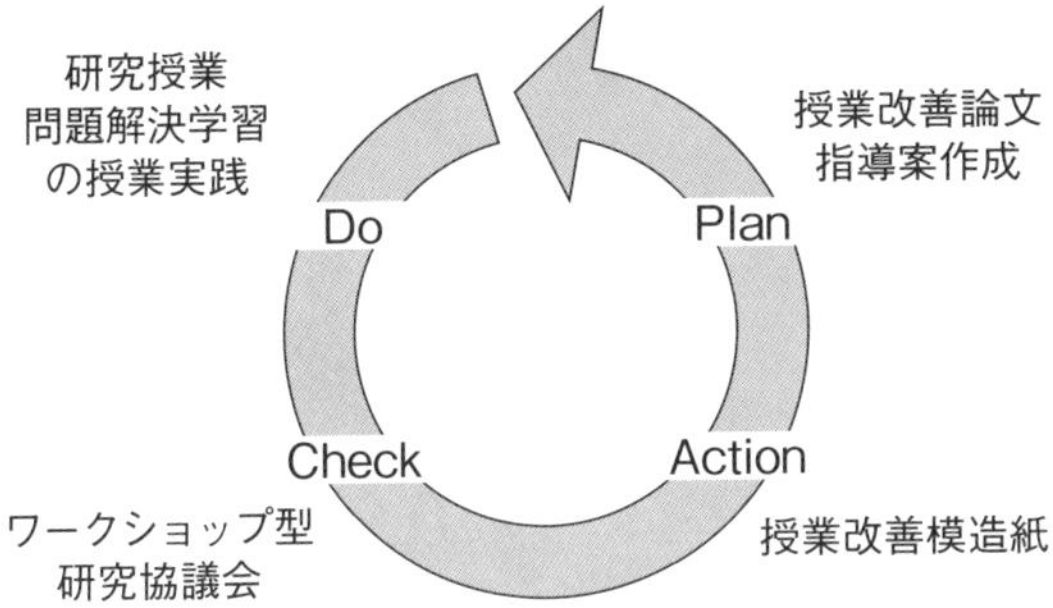

(1) 教師が取り組む授業改善マネジメント

① DCAPサイクルの確立

まず、前回の授業の反省を受けた学習指導案を授業者が作成する。ここでの指導案は個人の計画案であるからPではない。その指導案をもとに、問題解決型の学習過程と学習スキルや言語スキル、学び合いの方法、振り返りの方法などの手立てを基にした授業実践（D）を行う。研究協議会では、後述するように授業改善に資する課題の提出と、改善策の検討に特化したワークショップ型で評価（C）を行う。

ここでは、先行研究した教師が指導主事役となり（勤務校では「指導修自」という造語で行った）、改善策を助言する授業者は、他参加者からも授業改善策（A）を受ける。改善策を受けた授業者は、それをまとめた課題論文を書くとともに、参観者が書いた参観者論文を参考に、次時の授業改善プラン（P）を作成する。このサイクルが機能するようになると研究は大きく進展していく。

②ワークショップ型研究協議会

新研究システムの一つとして、「ワークショップ型研究協議会」を取り入れることを勧める。研究授業後の協議会を充実させるためのワークショップである。①課題を出し合う、②改善策を出し合う、③先行して学んだことをもとに指導修自が助言をする、④授業者は改善策プランを一枚の模造紙にまとめるなどの一連の作業である。

なお、研究協議会進行内容として、勤務校で取り組んだ例を紹介すると、①課題の付箋出し・集約・グルーピング（三分）、②課題発表・分類・整理（五分）、③改善策付箋記入（三分）、④改善策の付箋出し・集約・グルーピング（五分）、⑤改善策発表・分類・整理（三分）、⑥指導修自の講評（三分）、⑦授業者が改善策の発表（三分）、⑧全員で授業改善に向けてすぐ

新校内研究システム

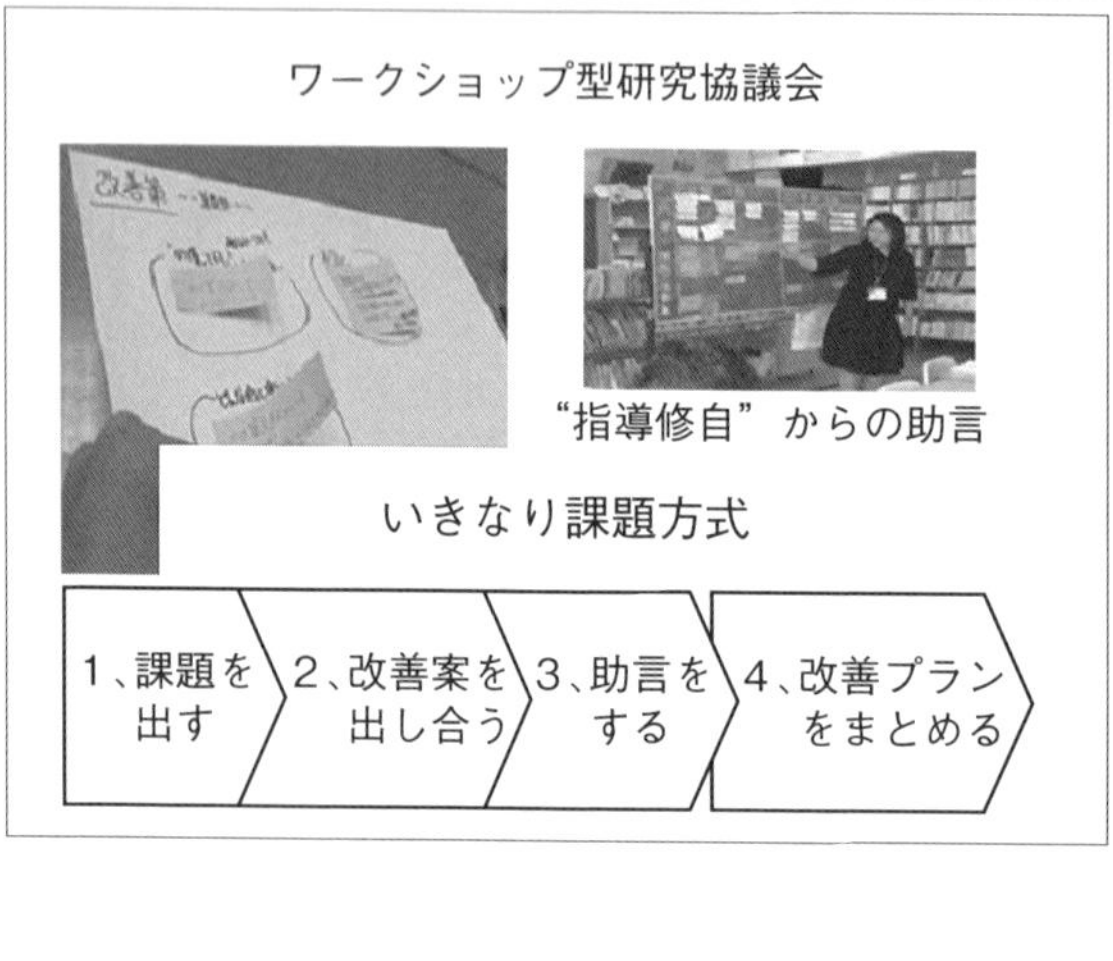

にやることを発表（二分）、⑨指導・講評（三五分）、⑩謝辞（一分）となる。

授業の成果は、一単位の授業の中では見つけられない。まして褒め合うことのみの研究協議会では、見つけることはできない。ワークショップ型研究協議会により、授業者は参観者から課題と改善策を示され、内容のある授業改善プランを作成することができるようになった。

③プロフェッショナルティーチャーズノート

研究授業をたくさん行っても、授業力はすぐには向上しない。授業の流れるモデルを開発することが必要である。また、本当によい授業はどうあるべきか、どのように子どもが学んでいけばよいかを示すことが大切なのである。全教師に目指す授業や研究方法を共有させ、学校全体で授業改善に努めることができるようにすることが求められる。

そこで、授業のあるべき姿、授業研究の進め方、授業づくりの視点などをまとめた教師のための手引きが必要となる。全ての教師が同じ目的を持ち、手立てを共有し、授業力を高めるためには、ガイダンスとなるツールが必要なのである。

そこで、「プロフェッショナルティーチャーズノート」という、授業力アップのためのツールを開発した。ここで、その内容を紹介したい。

○主な内容

プロフェッショナルティーチャーズノートの意義、授業原理、授業改善のポイント、問題解決型授業展開方法、言語わざ、学び合い方法、指導案の書き方、校内研究構想図、校内研究の進め方、研究協議会の進め方、授業スケジュールマネジメント、校内研究会ワークショップの記録（ノート）等である。

プロフェッショナルティーチャーズノート　校長の巻頭言

「いい授業においては教師の出番は少ない」、一言でいうと授業とは、そういうものである。経験や勘だけでは、よい授業はできない。子どもを誘導しながら進めていく授業が何と多いことか。子ども同士の学び合いがスムーズにいかなくなると、どうしても教師の指示や発言が多くなる。声が大きい。たくさん話す。こうした授業を行ってこなかっただろうか。

教師がどこにいるかいないかが分からない授業こそ私たちの目指す授業である。子どもが前面に出る授業を目指すために、私たちはこのノートを開発した。教師版の「まなブック」である。授業の手引書であるこのノートを全員で共有し、授業力を高めるためにいつも側に置こう。そして真のプロ教師になろう。

この「プロフェッショナルティーチャーズノート」は、校内研究会に参加する教師が情報を共有し、蓄積し、自己の授業改善に生かしていくためのノートでもある。毎年改良を重ね、今年で第三版となった。校内研究内容の手引きとして、また、研究スケジュール管理の手帳として、有意義に活用して欲しい。

○活用にあたっての約束
　校内研究会の際は、必ず持参する、ワークショップ型研究協議会の記録をとる、特に、「今日からやること」の欄には、研究授業、ワークショップ型協議会を受けて自分の授業改善に取り組む事項を必ず記入する。配付された最新のページを貼り付け常に更新する。なくさない。

○「プロフェッショナルティーチャーズノート」作成の成果
　このノートで校内研究の目的や方法が共有化された。その結果、組織的に授業改善を行うことができるとともに学力向上を実現することができた。また、校内研究で教師の授業力を高める研究の学校風土ができた。若手教師を中心に授業力が上がり、切磋琢磨する教師が増えたことも大きい。

④　問題解決的な学習過程

　子どもたちが友達と話し合いながら問題解決していくことが、これからの学力づくりには欠かせない。その問題解決的な学習の学習過程としては、①問題提示、②問いを持つ、③問いの共有化、④自力解決、⑤集団解決、⑥価値の共有、⑦振り返りといった七つの段階が考えられる。この流れを教師間で共有するだけでなく、子どもたちにも視覚的に分かりやすいようにまとめ提示することが大事である。子ども自身が学習の流れを知ることで、主体的に授業に参加できるようになる。

⑤課題論文・参観者論文

ワークショップ型の協議会で指摘されたことや、自分なりに次はどのような授業を行うかを課題論文としてまとめることが授業改善には効果的である。指導案に、「前回の協議会を受けて」という項目を立てると共に課題論文にも記載する。研究授業の振り返りである論文が、授業者を大きく育てることになる。参観者論文では、授業内での子どもの学びの変容を書くようにする。担当者は、次回の授業者が当たり、自らの授業に生かすヒントにする。

〇課題論文　**第三学年算数科研究授業を終えて**

平成××年四月二八日　第三学年オレンジコース　Ｂ教諭

この授業を実践するに当たり、私が日々の教育活動で大切にしてきたことは、どの子も発言したくなるような授業展開をしてきたことである。そのために、子どもたちが互いの意見を聞き合いながら自分たちで集団解決を進めることができるように工夫をしてきた。

私は、自分たちで進める授業とは、自力解決の言葉を教師が的確に把握した後は、教師の出番を極力少なくしていくことだと考える。

こうした考えのもとに行った今回の授業は、集団解決の場で、子どもたちの意見が飛び交い、教師の出番は少なかったと思う。また、こちらが予測していた全ての考えが自力解決の時に考えられていたため、構想通りの授業展開を行うことができた。この二年間でいろいろな言語わざを身に付けた子どもたちに助けられた授業でもあった。授業が終わった時、自分自身すがすがしい気持ちになった。

やはり、子どもたちを鍛えていくことこそよい授業につながると痛感した。算数科で言えば、必ず「図、式、言葉」を使って説明させるように意図的に授業を作っていくことが大切である。答えが出ればよいのではなく「なぜそうなったのか」を既習の事項を使って考えさせる習慣を付けさせることである。これはまなブックに書かれてあることなので、それを十分に授業で活用すればそれなりの効果が得られると思う。私も、単元の一時間目の授業では、まなブックで学習の仕方をつかませている。

反省をする点は、二つある。一つ目は、発言をしたかった子どもの全てに機会を与えられなかったことである。協議会でその点について、グループ学習を取り入れて意見の交流をしたらよいとの改善点が出された。しかし、四五分授業では、グループ活動をうまく取り入れないと時間が足りなくなったり、集団解決がグループ学習の繰り返しになってしまったりすると思い、今回はあえてグループ活動を取り入れなかった。

二つ目は、「図、式、言葉」を書き、それについてノートに説明を書けた子が少なかったことである。確かに説明はできるが、ノートに説明が書けない子の方が多かった。

こうした指摘をもとに今後はグループ学習を有効な方法で入れていきたい。また、説明の書き方の具体例を示し、全員がノートに説明を書ける力を付けさせたい。

あわせて、集団解決の場での教師の介入をもっと少なくして、子どもたちだけで話し合いを進めていけるように、言語わざを身に付けさせていく。学習の仕方を習得させるために、まなブックを用いていきたいと強く感じた。

○参観者論文　研究授業を参観して

平成××年一月一六日　第二学年国語科　Ｃ教諭

今回の授業を参観して、私が感じたことは、自分の授業の課題を解決するために、綿密に計画されたよい授業であったと思った。

まず、一つ目は、課題作りを子どもに委ね、自らの課題となるようにしたことである。教師が「今日の課題は……」と課題を与えてしまうのではなく、子どもが自ら考えるという主体的な取組みがあった。非常に有効であると思った。

二つ目は、子どもに司会を経験させたということである。二年生の一月という時期は、子どもがお互いの意見を集約するのは難しいと思う。しかし、自ら授業に参加していくという意識付けには大変有効であったと思う。参観者からは課題の改善策として「教師主導で行った方がよい」との指摘を受けた。これは、ただ、子ども任せの放任の授業をしてはいけないということであり、大切なことであると思う。今後、この形態をうまく機能させていくことで、授業が子ども主体となっていくと考えられる。

他にも、板書計画、習熟度別ワークシート（ノートの活用）など、数々の工夫がみられた。また、子どものつぶやきが出るようになっていた。学習のわざも大変よく鍛えられていた。

しかし、課題があった。

一つは、単元全体の課題「一年生にわかるように話してあげよう」が本時の授業では解決されなかったことである。授業前から、この部分を子どもに考えさせることが難しく本人も悩んでいた。「一番伝えたいこと」に変更してはどうかと私なりの考えをアドバイスしたが、本人の決意もあり、そのまま進めたため、単元の課題とずれてしまった。

二つは、「いつ」「様子」の区別を子どもができていなかったことである。S教諭は「いく日もいく日も」が様子であるととらえさせたかった。しかし、その言葉を「いつ」であると主張する子どもがいて、「いつ」と「様子」が曖昧になってしまった。ここで、教師が説明をすればよかったと思ったができなかった。

講師の先生から「無駄な時間のない提案授業」であったとのお言葉をいただいた。私はS教諭の常に挑戦し、授業を完全に組み立てていこうとする態度を学んでいこうと思った。

また、講師の先生の「一対一対の活動を大切にすること」「音読が大切であること」「感心したことや心に残ったことにサイドラインを引くこと」「教師は意味を追求する時が出番であること」「リライトが大事であること」等、大変貴重なお話を伺うことができ、勉強になった。

⑥授業改善模造紙

これまでの授業者の自評は、言い訳になることが多く、授業内容に直結するものではなかった。そこで授業者は、ワークショップ協議会で出された課題や改善策を受け、授業改善模造紙を作成するようにしている。改善策を構造化することで確実に次の授業に反映されるようにすることが大切である。一枚の模造紙が授業者を大きく育てている。

⑵ 子どもの自主的な学びを促すマネジメント

子どもたち自らが授業をつくり、学びを深めていくためには、授業の流れを知り、授業のルールを習得し、子どもたちの力で授業を動かしていくことが重要で

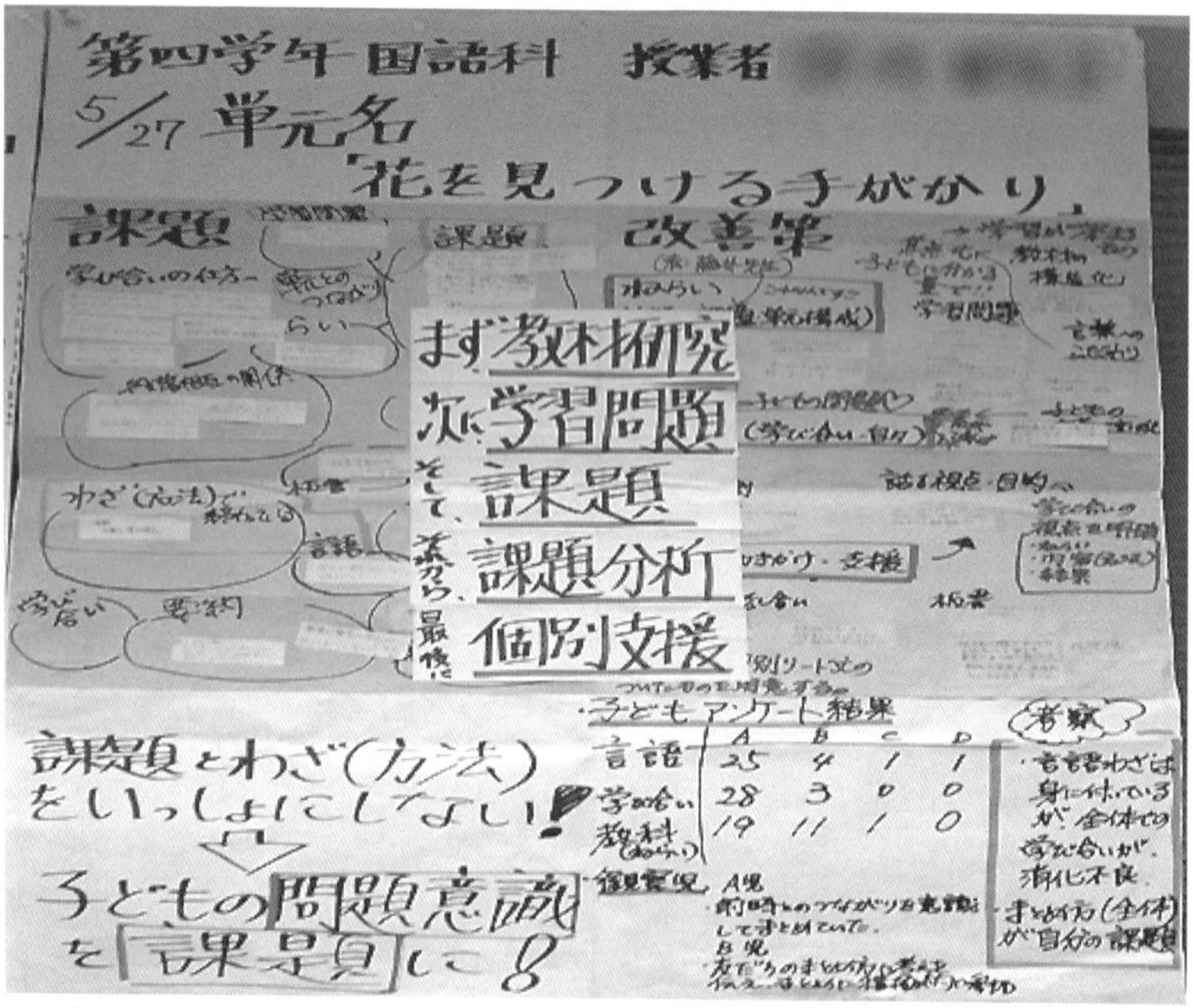

授業改善プラン模造紙

ある。ここでは、勤務校で取り組んだ実例をもとに、子どもが動かす授業とはどのようなものか、また、そのためにどのような手立てが必要なのかということについて考えてみたい。

①「まなブック」

本章2「学力向上のマネジメント」でも述べたように、勤務校では、問題解決的な流れや各教科の学習方法をまとめた「まなブック」を作成し、子どもたちに配布した。子どもたちが自ら授業を進めるためのガイドブックである。内容は問題解決型の授業の流れが主となり、「言語わざ」の使い方、「学びあい」の仕方、「振り返り」の書き方等も入っている。

②授業見学集会

「授業見学集会」とは、優れた授業モデルを子どもたちが見る授業集会のことである。習得した「言語わざ」をどのように活用したらよいのか、どのような「学び合い」がよいのかを子どもたちが実際、自分の目で見る集会である。よい授業のモデルを見る子ども版の研究授業でもある。この授業を見た子どもたちはその後大きく変わった。教師が他の教師の授業を参観し学ぶということはどこでも取り組まれていることだが、子どもが〝授業名人〟になるために、他の学級の授業を参観するのがこの取組みの特長である。子どもたちは、他の学級の優れた授業の様子を見ることによって、自分たちもどのようにしたらよい授業をつくれるかを学ぶ機会となっている。学習に向かう意欲も高まっている。

なお、この集会は、言語力、授業力をつける集会も兼ねることとした。全体指導を行い、確かな言語力をつけさせる。子どもの研究授業への参加と校内研究を連動させることで、教師にとっても得るものが大きい。

・四月　授業見学集会　・五月　わざ・ノート集会
・六月　毎日指導集会　・七月　振り返りノート集会
・八月　授業見学集会　・一〇月　運動会集会　・一一月　勤労感謝集会　・一二月　授業見学集会　・一月　六年卒業創作曲発表集会　・二月　一年入学式創作曲発表集会　・三月　振り返りノート集会

③言語力の育成のための三視点
○視点一　「言語わざ」

「言語わざ」とは、「学習言語わざ」と学び合いを深めるときの「対話言語わざ」の二つからなる。「学習言語わざ」は、子どもたちが学習内容を身につけるための

技能や方法である。学習指導要領から取り出した「書く、読む、話す、聞く、調べる、評価する」といった言語活動であり、全教科・領域での中で意図的に指導するようにした。研究授業では、本時の目標の一つとした。

「対話言語わざ」とは、「話す」に特化した言語わざのことをいう。根拠を基に話す、共通点を見つけ話す、原因と結果を話す、分からないことを尋ねる、自分の意見と相手の意見の違いを比べる、相手の意見を自分なりに解釈する等の対話型言語を例示している。二つの「言語わざ」を授業の中で意識的に使わせたことで、子どもの言語力は飛躍的に伸びた。

○視点二　「学び合い」

目指す授業は、教師が目立つのではなく、子どもが前面に出る授業である。そのために「学び合い」の型を開発し具体的に指導してきた。司会をたてる学び合い、グループ学習の学び合い、言語わざを使った学び合い、付箋を使うワークショップ型の学び合い等である。子どもたちは、この学び合いの形式を参考にすることで、自分たちだけで意見交流ができるようになった。教師が目立たなくなったのが大きな成果である。

○視点三　「振り返り」

学び合うことのよさを実感させ、自分の学びを確かなものにさせるためには、自分の学びを振り返る場が重要である。「振り返り」で書くことは、感じたこと、気づいたこと、思ったこと、考えが変わったこと等である。子どもたちは、この「振り返り」により学びに積極的に参加したかどうかを自分で判断できるようになった。

④学習のわざ委員会

言語力の定着をねらう委員会である。基本的なノートの使い方、発表の仕方等を委員会活動が中心となり取り組んだ。

校内研究で開発した「言語わざ」の実態を収集している。各学級で取り組んだ「言語力」は、校内にデータとして掲示している。また、ノートコンクールを主催したり、ノート大賞を決定する委員会でもある。ノートコンクールは、年三回実施している。ノート大賞は、年一回である。モデルとなるようなノートを子どもたちが見ることによりノートへの関心が高まった。

子どもたちが自ら学ぶためには、観察したり、要約したり、話し合いを通して考えを深め、論理的に説明したりする力を教師が育てなければならない。言語活動を充実するということは、これら、新学習指導要領が求める学力づくりの柱となるものである。教師が必死にタクトを振って話し合いの形を仕立てようとしても、教師が誘導して望ましい答えを引き出そうとしても、そうした力は身に付かない。これからの学力は、教師が「与える」ものではなく、子ども自らが「獲得」していくものなのである。そのための支援として、学ぶためのツールや機会を開発していくことが求められるのである。

4　人材育成マネジメント

若手人材が増えることをマイナスととらえる考え方がある。だが、一概にそうとはいえない。若手は、考え方が柔軟であり、学ぼうとする姿勢が旺盛である。さらに、教師の年齢構成が変化していく中、若手を早く一人前にし、未来のリーダーに育てることは校長の責務といえよう。人材育成のマネジメントは、若手の育成を柱に、教師たちが学び合い、高め合うシステムを開発し、動かしていくことである。本項では、勤務校で取り組んだ実例をもとに、人材育成マネジメントの実際をみていくことにしたい。

(1) これまでの人材育成の課題

校内研究による人材育成はこれまでも行ってきたが授業技術のことのみに範囲が限られていた。そのため、若者は学校全般に関わることが学べなかった、学んでこなかったベテランに指導技術がついていない、教師に関わる問題が繰り返し起きる等の課題があった。さらに、指導技術を高めるための体制ができていても、それぞれの校務分掌組織に任せていたため、意図的、系統的に教師を育成することが弱かった面があった。そこで、教師育成を一元化して、「人材育成部」を創設した。校内研究推進委員会は教師の授業力の育成、人材育成部は教師としての生き方や具体的な対応について学ばせることを推進していく部とした。

担当職務は、後述する「初任者研修」「ファースト会」「セカンド会」「ちょこっと塾」「教育実習」「次年度新規採用予定者研修」「校内ＯＪＴ」「学校視察者研修」「教育委員会定例訪問」等である。

⑵ 研修機会

①「ファースト会」

ファースト会は、校長、副校長、主幹教諭、人材育成担当者、初任者〜六年次までの教師で構成されるいわゆる〝若手育成塾〟である。毎週水曜日に行った。堅苦しい研修スタイルでなく、ざっくばらんな雰囲気の中で行われるミニゼミのようなものである。内容は、授業における指導

技術、校務分掌の進め方、服務等である。経験年数の近い者同士で、実践を交流したり、校務を推進する上でのポイントなどを質問したりできる機会であり、教師が主体的に学ぶ意識を高める試みである。

「自らの学習指導での成果を他の教師に伝えることができるのが嬉しい」「保護者対応について具体的に話を聞くことができ参考になった」などの声が聞かれ、一人前の教師になるための切磋琢磨の場となった。

②「セカンド会」

セカンド会は、ファースト会に所属しないベテラン教師が参加する研修会である。主に、若手教師育成のための方法を学ぶ場である。ベテラン教師は、若手教師育成のための研修資料を作成する。セカンド会で作成した資料を使い、ファースト会の場で若手を指導する。こうした研修の場を設定することにより、学校全体で若手を育てていこうとする意識が高まった。また、ベテランの中には、「若手から学べることも多くある、自己の実践をさらに追究していきたい」と発言する教師も見られた。ファースト会、セカンド会が連動することで教師の研修意欲も向上した。

③「ちょこっと塾」

若手教師には、国や都が主催する研修や先進的な研究を進める学校の研究会等に積極的に参加を促した。そうした研修で学んだことは、「ちょこっと塾」と呼ぶ情報交換会で報告をする。勤務時間外に短時間で行う自主研修であるが、様々な情報を得る場となっているため、毎回ほとんどの教師が参加した。若手にとっては、優れた研究実践について知る大切な機会となった。また、業務に付随したことで分からないことや苦手なことを聞ける場でもあるので、研究発表会でのプレゼンテーションや資料作成のスキルもここで磨くことができるようになった。

④一役一人制と事案決定システムによる若手育成

校務分掌の一役一人制である。若手も自らが担当する分掌で、重要な案件を起案し進行させることになる。

一役一人制で担当から起案された文書は、職階制に則った事案決定システムによって決裁される。主任教諭、主幹教諭、副校長、校長といった各職階ごとに決裁を仰ぐため、若手は必然的に指導を受ける機会が増えた。

⑤教育委員会の定例訪問・学校説明会での説明

管理職や教務主任が対外的にいつも説明するのではなく、校務分掌の一役一人制の組織で説明をする。これが組織の一員としての自覚を高めることにつながった。

内容は、転入者心得、直後プラン、学びの交流、学校評価、習熟度別少人数算数、セカンドスクール、毎日指導部、近所グループ下校、卒業式、思い出づくりの会、研究授業一覧、言語わざ、振り返り、漢字検定、若手教師育成、ファースト会・セカンド会、運動会等である。

⑥論文指導

教師が論文を書くことは当たり前のことである。この「書く」ことができない教師が意外に多いことに気付いた。書くことは、自らを振り返ることであり、研究を進める上でも重要な要素を占める。そこで教師に「書く」ことを義務付けてきた。主に授業改善論文、授業を参観した論文である。論文書きを指示した当初は、書き方モデルを示して書かせたが、以降は自由に任せた。とりわけ、研究授業でうまくいかなかったことを分析し、次回の授業で改善することを素直に記述する作業は素晴らしい成果を生む。この経験が自己申告書や学級経営案などへの多角的な視点での記述につながった。

主に管理職が論文の添削を行うが、次第に後輩の論文を指導する教師も増えてきた。添削後、書いた論文を全職員に配布する教師の顔は、輝いていた。これもリニューアルの成果の一つである。

⑦毎日指導実践レポート

学級や専科での毎日指導の実践をレポート形式でまとめ、自らの生徒指導を振り返る。お互いの実践を読み合うことで、他の教師の実践のよさを学ぶ。課題を共有し解決策を助言し合うことで、子どもの見取り方や支援の仕方を学ぶようになった。

○実践レポート

第一回は、七月初旬までにレポートを提出する。印刷を担当の教師が行い、全職員に配布する。七月中旬より各自でレポートを熟読する。八月下旬にワークショップを行う。

第二回のレポート提出は一二月下旬とした。一月初旬にワークショップを行う。

○レポート内容

毎日指導（生徒指導）についての実践事例を報告する（指導の工夫とその成果、配慮を要する子どもへの対応事例等）。毎日指導（生徒指導）についての実践上の悩みを報告する（指導を工夫したが成果が出にくい例等）。A四判一枚にまとめる。レポートには、子どもの実名を入れない。レポートは提出されたものを修正せずそのまま印刷する。

○ワークショップの方法

五人程度のワークショップメンバーを変えて二回行う（二〇分×二回）。その後、全員でワークショップを二〇分間行う。期間中に必ず全員分を熟読しておく。ワークショップでは、一回の発言を四〇秒以内とする。レポート内容は否定しない。実践のよさや共感、悩みに対する助言をそれぞれが行う。

○毎日指導実践レポート　**だめなことは絶対にだめなのである**

平成××年一二月二一日　D教諭

私の学級で絶対してはならないことがある。一つ目は、暴力である。子どもから暴力をした理由は聞かない。絶対にしてはならないからである。幸いなことに、ひどい暴力を振るう子どもは少ない。暴力をした子は仲良しルームで一人で反省をさせる。私も、一日は、口をきかない。

二つ目は、宿題忘れである。忘れたら、朝のうちに必ず宿題を終わらせる。二〇分休みも、勉強をすることになっている。「明日は忘れてはいけませんよ」と指導しても、やってこない。宿題忘れの子どもは、忘れることをはじだと思っていないので、なまぬるい方法では、絶対にやってこない。心を鬼にして、厳しく接するようにしている。

三つ目は、いじめである。今のクラスでは、起こっていないが、私が一〇年ほど前、担任した五、六年で、ひどいいじめがあった。もう教師をやめようと思った程、大変であった。いじめが手におえなくなったのは、六年生の時であるが、五年生からその前兆はあった。それを見逃してしまった責任は私にあると思っている。

男女の仲がとても悪かった。妙に静かで、クラスのだれかの顔色をうかがうような感じがあった。真面目でおとなしい子を正当な理由にしていじめる。ボールを毎回片付けさせたり、サッカーのキーパーをやらせてボールを力まかせに顔面に向けてけったりする。しかし、「ただ、遊んでいただけ」と言い逃れをする。されているほうも、「そうです。遊んでいるだけです」と口裏を合わせる。その頃の私は、強く指導ができなかった。一人で、ただただ悩み苦しんだ。だから、いじめは絶対にいけないと一学期の最初に指導を行っている。

教師には、「きびしさ」と「優しさ」「おもしろさ」が必要である。私のことをA児は次のように五七五で詠んでいる。【せんせいは　こわいよこわい　きびしいな】

厳しさだけではいけないのだが、してはならないことをした時には、厳しく指導することがその子のためだと思う。

では、学校全体として、厳しい指導はどうあるべきなのか。自分のクラスだけができていることに満足してはいけない。どの学年の子どもも自分のクラスの子どもだと思って指導をすることが大切である。昼会の時、態度の悪い子どもに他のクラスの担任は注意しているだろうか。指導している教師は少ないのではないかと思う。態度が悪いのは、担任の指導がわるいからだと高みの見物をしたり、自分には関係がないと思わず、積極的に指導をしていけば子どもたちはもっともっとよくなっていくと思う。

みんなで、「悪いことは悪い」と言い続けようではありませんか。

平成××年七月　E教諭

○毎日指導実践レポート　**学びに遅いはない**

私は、本校に来る前に、A県で二年間、東京では二市の学校を経験した。新規採用されたA県では、数々のことを先輩教師から学んだ。ここでの経験が今の私を作ったのではないかと思えることがたくさんある。研究校ではなかったが、年に一回は全員が研究授業を行っていた。私も二年間で二回研究授業を行った。道徳と理科の授業であったと記憶している。

しかし、東京に来てからは研究授業をした記憶が全くない。校内研究はあったが、他の先生方の授業を見た記憶がM市時代に少しあるだけだ。

したがって、私は、東京では、本校の研究主任になるまで研究授業をしてこなかった。つまり、四〇代後半まで研究授業をしていない。以前、校長先生にこの話をしたことがあった時、「これが、現実だ」と言われた。

誰もなり手がいなかった研究主任を引き受けたのが、私の研究主任のスタートであった。次期研究主任として育ててもらった覚えなど全く無い。学年一名で構成されている研究部の部員経験だけである。もちろん、研究員など外部の研究経験もなかった。あったのは、やる気だけである。

あれから、私は、何回研究授業をしただろう。一〇回以上は行った。研究員にも一年間出させていただいた。外の研究会にも自主的に（休日）参加した。本もたくさん買って読んだ。

スタートがもっと早かったらと思うことがよくある。救いは、A県の初任校で二回、授業をさせていただけたことである。

東京へ来た私は、授業力を上げる環境に身をおくことはなく、また、自分からそういう環境へ飛び込むこともしなかったのだ。その年月が、二五年ぐらい続いた計算になる。もしも、東京でも研究授業を年に一回続けていれば、もっと授業力がついたにちがいない。

研究授業を負担に思うかもしれない。しかし、長い教師生活を豊かにするためには、若いうちに苦労を買ってでもやった方がいい。最初はうまくできなくても、着実に力はついてくる。そして、私とは違って、他の学校へ転任しても自分の研究を地道に続けて欲しい。やる気があれば、どんな場所でも研究はできるのだ。そして、今、二〇代のあなた方が私の年齢になった時、学校のリーダーとしてその役目を立派に果たしてもらいたいと思う。

そして、他校から赴任された年配の先生方、私が研究をスタートしたのは、ついこの間です。一緒に頑張っていきましょう。五〇の手習いというではありませんか。

先生のやる気、本気を子どもたちは見ていると思うのです。

⑧早朝初任者指導

学年主任、指導教諭が指導しないことについては校長が指導した。初任者は出勤後、直ちに校長室に入り二～三分の研修を受ける。学校行事に関わること、保護者対応、子どもへの接し方など研修内容は幅広い。一年間に渡る指導が、その後の教師生活に影響を大きく与えていく。

⑨若手に重い校務分掌

新採二年目の体育主任が一人で運動会を動かす。教育実習生を指導し、教師として大きく育った若手もいる。新採三年目からは、研究主任にも抜擢した教師もいる。先輩に遠慮することも多かったが、研究主任としての職務を果たせるようになった。なお研究協議会では、校長の謝辞も新採一年目に行わせた。一年間、鍛えられた若手教師の言葉は、校長の言葉と同等の重みのある言葉となる。

教師たちが数多く顔を合わせる機会をもち、授業や学級経営から、日頃の考えや悩みを交流させ語り合うことは、若手にとって、チームの一員としての自覚や責任を感じることに役立つだけでなく、教師集団が底上げを図りながら育っていくことに大きな効果がある。会議を増やして沈黙する時間を増やすより、仕事やそれに付随することをテーマにしながら、語り合い磨き合う場をつくることが人材育成マネジメントの極意といえるのではないだろうか。

(3) 教師の常識を記したＯＪＴノートの開発

東京都の教員人材育成基本方針を受け、独自のＯＪＴノート（常識手帳）を開発し人材育成を図った。主任職の制度化、職階制の導入がされたこともあるが、何よりも人材育成に危機感を持ったからだ。また、全職員での約束事や、指導者層が指導するための手引書を開発することに迫られる事態もあったからである。

ＯＪＴノートは、職員自らが質の高い教育を行うための約束事を記した資料である。管理職が作成するものではない。作成に当たって、職員の創意をワークショップ型協議の手法で出すようにした。全員が公平に意見を出し、協議し合う方法でもある。「ＯＪＴノート」はこの手法で作成された。

作成に当たっては、まず、指導する内容のキーワードをワークショップで抽出した。その後、具体的方法をワークショップで列挙した。続いて具体的な約束事を内容にした。職員が作業をしている間に、管理職は「ＯＪＴノート」の実施体制を作成した。主幹教諭・主任教諭は、それを使用する機会を考えた。全教師の参加によるワークショップ討議で作成したことに意義がある。

このノートから「勤務姿勢」の例を紹介しよう。

～①上司の職務上の命令に従う　②先輩をたてる　③礼を尽くす　④謙虚な姿勢をとる　⑤これまでの学校の常識に合わせない　⑥「マイナス思考」の教師の影響にのらない　⑦恵まれている環境に感謝をする　⑧研究を語れる教師になる　⑨皆平等という姿勢をもたない　⑩打ち合わせで「質問」「質問」と言わない　⑪個人に質問することを全体の前で質問しない　⑫職員室では、不平不満陰口は言わない　⑬職員室では子どもの話題に心掛ける　⑭自分の教室だけをきれいにしないで他の教室にも配慮をする　⑮職階の責務を果たす　⑯権利主張に走らない～

○ＯＪＴノート作成の成果

「ＯＪＴノート」により、職員の育ちが見えるようになった。当たり前のことが当たり前にできるようになった。これまでの、うっかりミスが少なくなった。若手が知らなかった、ベテランが気付かなかったということがなくなった。ベテランの教師が退職しても、乗り切れる対処方法をまとめることができた。危機管理に対応する仕組みができたことが大きい。

「ＯＪＴノート」

学校だより　平成××年四月号

〈ＯＪＴノート〉

ＯＪＴノートとは、教師としての力量をつけるためのガイドブックのことです。教師として当然身に付けておかなければならないことが詳細に記してあります。

「学校の常識は社会の非常識」ともいわれることがあります。一つの例ですが、保護者が正装して教師に会いに来た時、教師は正装ではない服装で応対したことです。保護者の方から厳しく指摘されました。こうしたことを反省し作り上げたのが「ＯＪＴノート」です。

〈ＯＪＴシステムで二冊のノートを使用〉

ＯＪＴとは、人材育成のことです。学校内で一人ひとりの教師が、自らを高めていくためのシステムです。研修のためのノートは、「プロフェッショナルティーチャーズノート」を使用しています。授業の達人になるための手引書です。このノートと合わせて「ＯＪＴノート」を使用してまいります。

〈内容の一部〉
第七章　社会人～駅から学校へ向かう時、保護者に会ったら挨拶をする、保護者がネクタイをしている時は、ネクタイをしてお会いする。子どもがまねをする飾り物（ピアス・茶髪）は、勤務時間外にする。携帯電話は、勤務時間以外に使う。職員室や教室では禁止である～。
第九章　学級～毎日放課後学習を行う。振り返りノートは毎日書かせる。子どもが登校する前に教室に行く。体育着は正しく着せる。病気やけがは「大したことはない」と自分で判断しない～。

〈ＮＨＫ「おはよう日本」三月二四日七時二三分〉

本校の「保護者対応」をニュースの中で取り上げていただきました。

本校では、保護者のみなさまからいただいた「声」を一人の教師のものとするのではなく、教師全員で共有しています。

校内に掲示すると共に、「ＯＪＴノート」にも載せております。今回の報道で全国からご声援をいただきました。とりわけ、地域の住民の方からお褒めのお言葉をいただきました。本校の子どもたちも喜んでくれました。ご覧いただきましてありがとうございました。

5　全国の教育委員会・学校への指導

現在、私は高知県教育委員会「高知県教師が学び教師が育つ学校づくりプロジェクト事業」、熊本県鹿本教育事務所「山鹿市教育創造『夢プロジェクト事業』」、長野県青木村教育委員会「あおきっ子の育成事業」などに関わっている。私の経験したことが全国に広がりつつある。かつての勤務校での成果に評価をいただいたからである。この三県の成果をもとに、新しい日本の教育を創造することが私の夢となった。

(1) 高知県教育委員会―教師が学び教師が育つ学校づくりプロジェクト事業―

○目的

組織的な学力向上対策に意欲的に取り組む学校を指定し、スーパーバイザーからの指導助言を踏まえ、年間を通じて徹底した授業研究を中核とした学校改革を実践することにより、本県の学校経営のモデルとなる学校を構築する。

また、今後の教員の大量退職・大量採用時代を見据えて、若手教員を育成するＯＪＴシステムを構築し、県内に普及する。

○指定校　　南国市立日章小学校

○指定期間　　H24・4・1～H25・3・31（1年間）

○スーパーバイザー　　西留　安雄　氏（前東京都公立小学校長）

○指定校の実践内容

・学校経営スーパーバイザーによる定期的な研修の実施（理論の構築と実践）年間10回程度（学校改革に関する講義、校内研修に関する演習等）

・県内の先進モデルなる学校経営案や学校改善プランの作成

・効率的な校務分掌と機能的な校内組織の確立

・若手教員を中心としたＯＪＴの確立

・徹底した授業改善を中核とした学力向上ＰＤＣＡサイクルの確立

・学校評価を効果的に活用した学校経営の実践

・授業公開及び研究発表会の開催

・県内外の先進校の校内研修への参加

○目指す成果

◇　学校経営のモデルとなる学校の組織体制やＯＪＴの取組等のイメージが具現化し、モデルとなる取組が他校へ伝播することにより、その学校の学校経営力やＯＪＴの質が高まる。

◇学校経営力が向上し組織的に学力向上に取り組む学校が増えることにより、教師の指導力の向上が図られ、児童・生徒の学力が向上する。

◇若手教員を育成するＯＪＴシステムが構築され、大量退職・大量採用時代を迎える本県教育の将来的な課題の解決につながる。

教師が学び教師が育つ学校づくりプロジェクト事業（案）具体的プラン

◆：若手教員対象　□：セカンド教員対象　●：全教員　△：管理職

若手教員：採用４年次までの教員
セカンド教員：採用５年次からの教員

月	日章小学校の取組		西留先生による指導	備考【中学校学力向上推進チーム】
	全学年における学力向上の取組	ＯＪＴの取組		
４月	学力調査直後補習（全国）	△校長、副校長の打ち合わせ 【組織風土の改革】 △学校経営方針の提示 【あるべき教師像の提示】 △ＯＪＴ方針の提示 【校務分掌の確認】 ●職員ミーティング 【教員のＯＪＴ方針の共有化】 ●校内研修会の計画 【活発な研修会の実施】	第１回： 学校改革とは ～学校リニューアルの原点～ 第２回： 校長のリーダーシップ	○学校訪問 ・中学校学力向上プロジェクト校の授業公開、事後

	5月	6月	
	学びの言語星	ノートコンクール	
◆校長による毎朝の指導 【心構えの指導、あるべき教師像】 ●日常の相互の授業観察 【授業の指導、助言】 ◆ファースト会による研修 【持ち回りレポートの報告】 ※毎週水曜日 □セカンド会による研修 【先輩教師からの指導技術研修】 ※毎月15日 ●ちょこっと塾研修 【他校の研究資料の読み合い】 ●週案 【事故の課題を解決するための目標設定】 ◆ＴＴによる指導 【ベテランから学ぶ】 ●校務分掌の遂行 【組織人としての協働】			
●自己目標シートの作成 【ＯＪＴシートでの計画案作成】	◇教頭の指導 【学習指導案書き方モデル研修】 ●日常の相互の授業観察 【授業の指導、助言】 ◆ファースト会による研修 【持ち回りレポートの報告】 ※毎週水曜日 □セカンド会による研修 【先輩教師からの指導技術研修】 ※毎月15日 ●ちょこっと塾研修 【他校の研究資料の読み合い】	◆放課後の研修 【多くの教師を講師にしたＯＪＴ研修】 ●年間２回以上の研究授業 【問題解決学習の習得】 ●課題論文書き 【論文書きによる振り返り】 ●研究協議会ワークショップ 【協議会方法の習得】 ◆指導修自 【若手教員による指導助言】	●学年会での研修 【ワークショップ型のＯＪＴ研修】 □ＯＪＴ推進状況の確認・検証
	第３回： 新学校システムⅠ 学力の向上を支える校内体制 第４回： 新学校システムⅡ 学力の向上を支える授業改革	第５回： 新校内研究システムⅠ ワークショップ型研究協議 第６回： 新校内研究システムⅡ 「指導修自」を育てる	
研究会 ○講話・質疑（２時間程度） ・「学力向上推進チームによる中学校学力向上プロジェクト校への支援の在り方について」			○中学校学力向上プロジェクト校研究協議会における講話・協議への助言

7月	8月	9月	10月	11月	
学びの言語星	サマースクール	学びの言語星	授業見学集会	ノートコンクール	

7月	8月	9月	10月	11月	
【担当者同士の連絡会】 □ＯＪＴ該当者、担当者との面談 【授業者への指導、助言、支援】 □人材育成会議Ⅰ 【ＯＪＴの進行管理】 ●学校評価方法研修 【児童、保護者による授業評価】	□人材育成会議Ⅱ 【ＯＪＴの進め方の確認】 ●自己目標シートによる検証・追加記入 【面談による修正】 □人材育成組織体制の見直し 【役割の明確化】	●学力状況調査研修 【全国学力・学習状況調査の活用】 ●年間２回以上の研究授業 【問題解決学習の習得】 ●課題論文書き 【論文書きによる振り返り】 ●研究協議会ワークショップ 【協議会方法の習得】 ◆指導修自 【若手教員による指導助言】 ◆学校訪問等の司会 【若い時に重い仕事を担当】			○人材育成会議Ⅲ 【ＯＪＴの総括】
第７回： 人材育成					第８回：
○講話・質疑（２時間程度） 「学力向上推進チームの取組の中間検証及び今後の方策について」					○学校訪問 ・中学校学力向上プロジェ

12月	1月	2月	3月	年度末
学びの言語星	ノートコンクール	学力調査直後補習（県）	学びの言語星	（求める具体的な能力や役割） ●若手教員：研究を語れる力を身に付ける教師 高い志をもち、高知の教育を変えようとする使命感を身に付ける教師 ●セカンド教員：先輩教師として助言する教師 これまでの学校観を変え、分掌組織の一員として、積極的に貢献できる教師 ●管理職：所属職員の人材育成の責任者 学校改革の推進者 管理職候補者の人材育成
←	←			
△次年度のＯＪＴ方針の決定 【校務分掌の確認】	△次年度の学校経営方針の提示 【あるべき教師像の提示】 △次年度のＯＪＴ方針の提示 【校務分掌の確認】 ●職員ミーティング 【教員のＯＪＴ方針の共有化】 ●次年度の校内研修会の計画 【活発な研修会の実施】	●自己目標シートの作成 【ＯＪＴシートでの計画案作成】 ●学力状況調査研修 【県の学力調査の活用】	◆卒業式等の司会 【若い時に重い仕事を担当】	
学校マネジメント				
クト校の授業公開、事後研究会 ○講話・質疑（2時間程度） ・「推進チームの取組の検証及び次年度の方向性について」				

(2) 熊本県鹿本教育事務所・山鹿市教育委員会―山鹿市教育創造「夢プロジェクト」―

一　目的

新学習指導要領の趣旨を踏まえ、熊本県策定の「くまもと『夢への架け橋』教育プラン」、山鹿市教育基本計画の推進による子どもたちの夢実現に向けた、元気ある山鹿市の教育創造を目指す。そのため、次のことを中心に取り組む。

①知識・技能を活用した思考力、判断力、表現力等の育成、言語活動の充実を図るための、「学び合い」をキーワードにした日常の授業改革

②教師が子どもと向き合う時間を確保するための学校のスリム化。それによる多忙感の解消、負担感の軽減に向けた校務改革

二　「夢プロジェクト」ＳＣＨＯＯＬアクションプラン

(1) 経営のイノベーション

①校務分掌（組織づくり）の精選・重点化

各種委員会の統合、ＯＪＴを活用した機能的な組織づくり等

②会議の精選

職員会議、各種委員会、打ち合わせ等の縮減と効率化

③行事の見直し

事業仕分け（新規、廃止、見直しして継続）

④システムの開発

直後プラン、起案方式、校内ＬＡＮ、連絡ボード、資料事前配布、小学校における教科担任制等

⑤日課の見直し

朝会・夕会、休み時間、ＯＪＴ、学年会、個別指導の時間、ノー部活デー等

⑥学校応援団づくり

学習サポーター、地域人材の有効活用等

⑵学びのイノベーション

①熊本型授業の質を高める「学び合い」の日常化

授業モデルづくり、学習形態・展開、学び方（スキル）、ノート指導等

②校内研究の質的改善

ワークショップ型研修、若手・中堅人材育成、管理職の関わりによる指導、学年進行に伴う積み上げのある学習規律・言語活動等

三　具体的取組みとその成果

⑴山鹿市元気あふれる学校応援事業

山鹿市教育委員会は、山鹿市教育創造「夢プロジェクト」ＳＣＨＯＯＬアクションプランに関する内容で、各学校の自主的な取組みに対して、特別な財政支援及び学校の活力的支援策として、

以下の取組みに対して補助金を交付する事業
①校内研究の質的改善、日常の授業改革に係る支援
②児童生徒が自分の夢を持ち、夢実現に向けての取り組みに係る支援
③各学校の伝統的な取組み及び特色ある学校づくりの取組みに係る支援
④学校応援団づくりにおける地域人材活用に係る支援
⑤学校経営の効率化を図るためのシステム構築、職員研修等に係る支援
⑥幼・保、小、中連携に関する支援
(2)山鹿中学校の取組み
①職員会議の削減による個別指導の時間の確保
毎週又は隔週行っていた職員会議を廃止し、長期休業中に実施することで、週時程の中に学力向上のための個別指導の時間を設定することができる。
②毎日の朝会の削減
毎日又は週に三日程度行っていた朝会（教職員同士の打合せ）を週一回にすることで、朝の貴重な時間に、担任はいち早く生徒の登校状況を把握し、素早く対応することができるとともに、より多く生徒とふれ合う時間を確保する。
③行事の手引き、指導の手引きの作成
長期休業中を除き、職員会議をなくすために、学校行事等については、「行事の手引き」、日常

の教育指導については、「指導の手引き」を作成し、生徒と接する時間の確保や学習活動の効果的な運用を進めている。

(3)各学校での取組みの成果

①山鹿市内の全小中学校（二六校）が「学び合い」をキーワードにした授業改革に取り組むことで、授業の質的改善が図られた。

②各学校でワークショップ型の校内研修が進められ、全員参加による効果的な研修が図られた。

③校内システムを見直すことで、各学校独自のＯＪＴや○○常識手帳が出来つつある。

④各学校で、地域人材等を学習活動に活用する学校応援団づくりがなされ、地域で育てる気運が高まった。

(3) 長野県青木村教育委員会「あおきっ子の育成」

○青木村の教育方針と重点

子どもと向き合う時間を確保し、人と人がつながる力と学力・体力を育み、一人ひとりを大切にする教育を目指す。

①授業改善と学校運営システムの工夫　②会議の精選による個別指導の時間の設定

○青木小学校の取組み

①学力・体力の向上

青木版「まなブック」を作成し、児童の学び合いを深め、授業の質を高める。日課に5分間ドリルを位置づけ、花まる学習会の基礎計算ドリルを毎日実施する。ノート指導を充実する。

②評価システムの構築

子どものアンケートを生かした授業改善を図る。ワークショップ型研究会を実施する。

③子どもと向き合う時間の確保

諸会合を精選する。DCAPサイクルにより、今年度実施の学校行事の終了後、直ちに来年度の実施計画を作成する。朝礼を見直し、夕礼に切り替え、朝のふれあいの時間を確保する。放課後を有効活用し、下校時刻一六時一五分までの二五分間を子どもとのふれあいの時間とする。校務分掌は、一役一人制にする。学校行事を見直し、マニュアル化する。会議で協議する代わりに決裁方式で行う。

○青木中学校の取組み

①学力・体力の向上

満点プリント（数学）と攻略プリントを実施する。朝学習を実施する。

②評価システムの構築

一人一公開（お互いに学び合う授業改善への取組み）。授業における「言語わざ」の取組み。師範授業の実施。若い教師への指導の充実（OJTノートやプロフェッショナルティーチャーズノートの青木中版の作成と活用）

③子どもと向き合う時間の確保

諸会合を精選する。日課の検討。反省をＤＣＡＰＰサイクルで実施する。

●第4章

学校リニューアル・マニュアル

——学校を変える20の提言——

■提言1
リーダーシップの発揮

リーダーシップを発揮するには、学校の状態をよく見ることである。ゆとりがない中で子どもたちや教師が活動している様子を見ると、何とかしなくてはという思いになるだろう。状況をよく見ると、これまで当たり前にやってきたことがゆとりを阻害する要因になっていることが多いことに気付く。

だからこそ、学校を大きくリニューアルすることが大切である。これまでの学校教育の常識では、もはや発展は望めない。そこで、自らの哲学に基づいた教育を提言して欲しい。文書にしたため、内外に説明し、果敢に実現に向かって努力をしなければならない。改革は、途中で止めず、最低二年を目安に行うとよい。参考になるタイムスケジュールの資料は、この本の中にある。

■提言2
DCAPサイクル教育課程の推進

現在のPDCA教育課程サイクルは、実際はPDDDDCAである。だから教育活動の質が高まらない。そこで教育活動直後に評価し合い、具体的な改善策までを作ってしまう「DCAPサイクル」に変えるとよい。勤務校では、「直後プラン」と名付けてきた。

直後プラン作成によって、改善策がすぐに次の授業で使え、授業の質が効果的に高まっていく。

価値ある教育活動も展開できるようになる。直後プランを積み重ねることによって、一年が終わる頃には、次年度の計画ができあがる。教師にゆとりが出て、授業研究や教材研究に費やす時間を増やすことができるようになる。

■提言3

「授業カットなし」を学校常識に

会議や出張があるから子どもを早く帰してよいだろうか。学校や教師の都合で簡単に授業カットをしてきた学校常識は変えなければならない。

職員朝会は夕方、職員会議は子どものいない時間帯、研究授業や研究会は特設の時間帯、生徒指導研修やＰＴＡ行事や個人面談等は長期休業中に開催、校外の研修会に全員で行く時は午前五時間授業を実施する等の工夫をすることは容易にできるはずである。そうすれば、授業カットのために教育課程が窮屈にならずにすむばかりか、標準時数を一〇〇時間超えることも可能となる。授業時数の増加は、子どもの学力や教師の授業力の向上につながっていく。「授業カットなし」こそ、学校の常識とすべきなのである。

■提言4

子どもに任せる授業を導入

教師がよくしゃべる授業を多く見てきた。授業で子どもを鍛えていないとこうなる。授業者は、問題解決型の授業を中心にして、子どもたちの学び合いを支援すればよい。教師が司会者にならず、子どもたち自身で進めるのが本当の授業である。

そのためには、授業の流れを子どもたちに示したい。授業の全体構成を理解させることによって、次は何をすればよいかが子どもたちに分かるからである。また、司会の仕方、授業で使う言語力を身に付けさせておく。そのことによって、子どもが自分たちの力で授業を動かしていくことができるようになるのである。集団の話し合いでは、鍛えた言語力を最大限、発揮させるとよい。子ども同士が「受けて返す」話し合いをしていけば、活発な授業となる。子どもに任せる授業がゴールである。

■提言5

学びの手引書を作成する

子どもたちが自ら学び、考える問題解決的な学習を行うためには、「学び方」を共有する必要がある。これまで、数多くの授業実践を行ってきたが、学び方が教師にも子どもにも共有されていなかったため、子どもが主体的に問題解決に当たる学習ができなかった。そこで、子どもたちが問題解決的な学習を行う上で、活用する学びの手引書の作成を勧めたい。本書では、実際に著者が取り組んだものとして「まなブック」を紹介した。

「まなブック」には、根本となる問題解決的な学習過程や、授業の中で学び合うために必要な話型、話し合いの方法、そして各教科学習で必要となる基礎的基本的な技能等を整理し収録している。「問題解決の手引き」である「まなブック」を子どもたちが共有し、活用し、主体的に授業へ参加していくことで、教師主導、説明中心型の授業から脱却できた。

「まなブック」で、教師を頼らず自ら学習する子どもたちが増えた。各学校の実情に応じ、どの学校でも手引書を作成すべきと考える。

■提言6
学力の向上のために補習システムを確立

子どもたちは、日々の授業だけで教科内容を十分理解することはできない。日々の学習を補う仕組みは、どの学校にも必要である。学力向上に悩む学校の多くは、この補習授業のシステムがない。子どもたちの学力が向上しないのは、ここに課題がある。

その解決には、補習ができるように教育課程（日課表）を工夫するしかない。例えば、学習の苦手な子どものために、学年を越えて学習する時間を設定したり、放課後学習を取り入れたりすることである。すべての子どもに確かな学力を身に付けさせるためには、教育課程や年間指導計画の中に補習を盛り込んでおくことが必要である。学校は、授業で学ぶ場だけではなく、子どもたちにとって、苦手な学習を個別に学習できる場でなければならない。

■提言７
ＤＣＡＰサイクル校内研究システムの推進

校内研究がうまくいかない学校は、研究のサイクルが確立されていないことが多い。また、研究主任に任せたり、確かな研究スタイルができないまま研究を進めているといったことも原因の一つである。

そこで、校内研究にもＤＣＡＰサイクルを導入するとよい。研究主題設定に時間をかけたり、目指す子ども像を深く討議したりすることは必要ない。研究主題は、「自ら学ぶ子」で十分である。研究を進めるに当たっては、指導案作成に時間をかけ過ぎないようにする。まずは実践し、ワークショップで研究協議を行う。そして、授業の改善策や振り返り論文作成等がゴールである。それが次の指導案作成に生きてくる。要は、次につながる改善策の作成を目標に進めていくことが校内研究において大事なことなのである。

■提言８
研究の手引書を作成

校内研究がうまくいくかどうかは、手引書があるかどうかにかかっている。特に、受け持っている教科が違う中学校には必要である。

手引書を作成するには、まず、自校の研究手順がどうなっているかを確かめる。それを整理し、文書にまとめるとよい。文書の中に入れる項目は、研究の約束事、指導案の書き方、振り返り論文の書き方、研究構造図、学び合いの方法、言語力育成方法、自由メモ欄、学力調査の結果等が中心となる。なお、研究協議会のワークショップ協議の仕方等も記載するとよい。手引書により、研究の方向性が同じになるのは間違いない。

■提言９
教師は論文を書く

子どもたちには、過去を振り返る作文を書かせるが、教師はなぜか書く機会が少ない。自己の考えや行動を文書にまとめない限り教師としての成長はない。ベテラン教師ほど書いて欲しいが書かない、いや、書けないのが実態である。

授業者が自らの研究授業を振り返る論文は必要である。研究協議で何を指摘されたか、次の研究授業では何を改善するかを論文という形でまとめない限り、また同じ間違いを起こす。生徒指導で子どもへの接し方を論文にまとめ、全員で読みあうような研修も考えられる。「論文を書く」ということを貫けば、教師は論理的に物事を考えられるようになる。

■提言10
研究発表会から研究協議会へ

研究発表会は形骸化しやすい。そもそも「発表会」というのは、発表する側が主語である。したがって、関係者だけ満足することになる。意義ある会にするためには、研究発表会を研究協議会に変えることである。参加者を同じ研究者として迎え、ワークショップ型で共に協議する。体育館での説明の場でも、単なる質疑応答でなく、参加者に考えを求めたりする等が大切である。参加者の考えを取り入れる会にすれば、お互いにメリットは大きい。指導する教育委員会には、特に気付いて欲しいことである。なお、研究協議会が負担の多い会とならないためにも、準備に力を入れすぎないようにしたい。普段の研究協議会に外部の方が参加する程度でよいと思う。

■提言11

「五〇の手習い」の義務付け

授業には自信がないが子どもの掌握には自信があるベテランの教師が多い。そこで、ベテランの教師に「五〇の手習い」を義務付けるとよい。

そのためには、まず授業中での子どもの動かし方をマスターさせるようにする。説明を行うことが好きなベテランには、子どもたちが自ら授業を進める方法を習得させたい。数多くの研究授業をこなすことを奨励する。指導案作成には管理職が最初から付き合うとよい。校内に研究を一直線に進める環境をつくり、逃れられないような仕組みを整える。五〇の手習いで授業に自信をつけたベテランが出てくる。

■提言12

人材育成システムを確立させる

教師の大量退職・大量採用の時代が続く。そこで、学校独自の人材育成システムを確立することが重要である。

そのために、まず校務分掌に人材育成を担う部署を位置づける。人材育成主任が、人材育成プランを作成し、全員参加のもとで研修を行うようにする。勤務校では若手育成の会やベテランの会が人材育成の中心となった。社会人としての成長と、教師としての力量向上の両面から育成していくことが大事である。そのために、社会人・組織人としての常識を学ぶテキストや、授業力アップのための手引き書を開発することを勧めたい。人材育成組織は学校の最重要な部署である。

■提言13

若手教師の速成

学校を大きく変えるには、若手教師の育成が必要である。その若手教師を三倍速で育てれば学校の大きな戦力になる。学校を活性化させるために、若手の速成は非常に大事なことである。

若手教師には、まず校内研究で学ばせる。他校の研究発表会に派遣し授業研究の重要性を学ばせる。校内の重要な校務分掌に積極的に登用し学校の中核を担わせるようにする。若手教師同士が切磋琢磨する学習会を設ける等を勧める。

若手の急成長は学校のマネジメントに大きなインパクトを与える。学校改革に若手の速成は必須条件である。

■提言14
校務と教育活動のスリム化

多忙な教師や子どもの現状を救うためには、学校のスリム化しかない。肥大化した職員の運営組織を見直し、必要な組織だけを残すとよい。運動会や音楽会等の行事の運営方法を見直し、気軽にできる学校行事を行うとよい。行事の内容も、一発花火型ではなく、子どもが育つ地道な活動がよい。

また、教育活動の中で削れるものはないかを全職員で検討し、整理するとよい。前例踏襲では、何も変わらない。「変えることにはエネルギーがいるのでしない」という発想は止める。スリム化の先には子どもや教師の笑顔がある。

■提言15
一役一人制校内運営組織・事案決定システムの導入

一役一人制の校内運営組織のメリットは、教師の会議が減ることである。細かな事案を一つひとつ職員会議にかけるのでなく、担当教師が起案をし、管理職が決裁して教職員に周知するといった事案決定システムを導入するとよい。この運営組織と事案決定システムにすることにより、責任分担も明確になり、スピードをもって事案が決定できる。

教職員には、校務の煩雑さを解消し、スピード決済を実現できることや、子どもと向き合う時間を確保できることを十分に理解させた上で導入することを勧めたい。学校が大きく変わる方法の一つである。

■提言16
職員会議をやめる

会議はなくてもよい。それが私の結論だ。学校は、毎年同じ教育をしてきて大きな蓄積がある。そんなに変わるものではないから必要ではない。授業時数が増えた今日、会議を行う時間はないはずである。課題を抱える子どもの指導に多くの時間をかけなくてはならないのに会議が多ければそれができない。明治維新の頃の学校は、教師がいつも子どもの側にいたという。この原点に戻るべきである。

ＩＴの時代である。連絡事項は、パソコンに入れておけばよい。職員会議を止め、短時間のワークショップで職員の考えを引き出せばよい。相談したい事項があれば、夏季休業中に行う。決裁事項は、管理職が行えばよい。会議がなくなり子どもの側にいられれば、子どもは教師に飛び込んでくるようになる。

■提言17
学級の崩れにはチームで対応

子どもたちが授業中騒ぐ、学力がなかなか向上しない等はどの学校でも起こりやすい。その解決は、その場対応が多いため同じことが起こりやすい。人を配置しても解決にはつながらない。

学級の崩壊対策のためには、仕組みづくりが重要である。例えば、教科担任制を導入し全教師で子どもの指導に当たる、学級が崩れた担任の授業時数を減らす、全体指導を多くする等の方策をどんどんとるべきである。学級が落ち着くと、子どもたちは学習内容を理解できるようになる。多くの教師が、子どもたちと接する時間を多くとれば、子どもたちは心を寄せてくると思う。

■提言18
練習漬けの本番はやめる

運動会や学習発表会等に特別日程を組むと教科学習のバランスが大きく崩れる。そこで、教科学習に影響が出ない練習方法をとるようにする。練習、練習、そして本番といった流れをただちにやめることである。各行事は、年度当初に決めた時間割通りにする。その中で最大限できたものを披露すればよい。それには、各行事の運営方法を見直し、簡略した内容を行うようにする。

ゆとりの中で行事を行えば、子どもたちは心に余裕が出てくる。燃えつきないで次の学習に向かうことができ学力も向上する。

■提言19
行事は学級力・学校力が向上する内容に

内容や方法を変えないため、多忙感のうちに行事が終わることが多い。行事の究極のねらいは、学級力や学校力を上げることである。これまでの一発花火型行事では、瞬間は楽しいが子どもの育ちにはつながらない。

そこで各学校行事は、精選だけではなく、その行事に向かって子どもが自ら長期間に渡り取り組めるような内容がよい。一年間かけて本を読みこなし本番を迎える読書大会、一年中歌声が学校に響き渡る中での合唱コンクール、子どもたちの自主練を重視した運動会等である。子ども自らが取り組んだものを発表する場として行事を捉え直す。卒業式も、全員で練習した呼びかけ調のものでなく、子どもたち一人ひとりが自らこれからの生き方を宣言する卒業式がよい。行事が学級力・学校力を上げることにつながると思う。

■提言20
努力する子を徹底的に褒める

勤務校で運動会の応援合戦に勝ち負けを導入したところ、子どもたちは俄然張りきった。これまでの平等論をもとに強く進めてきた教師の姿勢の転換に子どもたちが応えたのである。

学校は子どもの努力を正しく評価しているだろうか。かつて学校では、平等論が優先し、成績に順位を付けない、スポーツ大会の表彰はしない等の一般社会とはかけ離れたシステムがあった。この反省に立ち、子どものよさを引き出し褒めるシステムを作り上げるべきである。子どもの理解度で授業を進める習熟度別指導、ノートコンクールやマラソン大会の表彰等を行う。そうすることにより、学習が苦手でもスポーツやボランティアに励む子どもたちが生き生きとしてくる。努力したことを徹底的に表彰するべきである。努力することに手応えを感じられるような場を、子どもたちにたくさん用意することが大事である。

あとがき――勇気を出して学校改革を進めよう

この数年、全国の教育委員会や学校を訪ねる機会があった。なぜ、私に依頼したかを聞くと、決まって、「学校の現状を変えたい、学力を上げるにはどうしたよいか、人材育成をどうしたらよいか」との言葉が返ってきた。分かったのは、全国、同じ悩みや課題を抱えている点であった。

なぜ、こうした課題があるのか、的確な解決策が見つからないのかを私なりに分析した。すると、学校が時代の変化に合わせていないことに気づいた。学習指導要領が変わっても何も変えない学校、従来からの運営方法に固執し変化を求めない学校の姿があった。

ただ教育課程をこなしていた頃の私は、「学校は、こんなものかな」と、思っていた。だが、学校をリニューアルする過程で、学校や教師の課題が見えてきた。前例踏襲型の教育をよしとする教師集団や、学校のリーダーが教師との人間関係を重視するあまり、自分の考えを打ち出さないでいることであった。

私は、こうしたことを変えたいと思い、改革当初の学校だよりに次のことを書いている。「従来からの教育を続けますと、教育活動はパンクします。学校の当たり前を一度立ち止まって考えます。そして改革をします」の文章であった。改革を終える頃の学校だよりに、「改革を進めていく時に、洪水のようなプリントを配りました。そうしたことが、結果的にはよかったと思います。改革が落ち着いた今、感じますことは、『改革の時期は逃してはならない』ことです。私は、今が時期と思い、躊躇せず、強いリーダーシップで改革をし、とことんやり遂げました」と、書いている。

私の学校改革は、順調ではなかった。新しいことに取り組む時は、未知の部分もあり勇気がいった。お手本がなかったからである。だが、所属の職員はついてきてくれた。新学校システムや新研究システムが機能し、かつての課題のある学校から脱却することができた。子どもたちの成長が学力の向上という形になったため、教職員は学校を誇りにするようになった。

学校改革で困ったのは、学校改革の意図が外部に正しく伝わらなかったことである。訪問したある県の関係者から言われた、「学校はしがらみがあるので改革はうまく進まない」。このことを私自身が何度も経験した。挫折もした。しかし、その時、助けられたのは、全国の視察者からの励ましの言葉であった。地域という小さな視野ではなく、日本という大きな視野から改革を進めることに気づいた時から、私の心はふっ切れた。

これからも日本の教育の進展は難しいと思う。思い切った改革、とりわけ学校運営方法を変えない限り難しい。そのためには、これまでの学校の当たり前を見直すしかない。この本を読んでくださった方は勇気を持って、新しい学校を創ってほしい。しがらみにとらわれず、自らの信念で学校改革をやりとげてもらいたいと心から願う。

【著者紹介】

西留安雄（にしどめ・やすお）
東村山市立東萩山小学校長、東村山市立大岱小学校長を経て、現在、清瀬富士見幼稚園長を務める傍ら、高知県をはじめ各地の学力向上の指導に当たっている。大岱小在職中、文部科学省学力向上推進事業推進校として学力向上の研究を進める。平成23年１月、文部科学省内において、推進校としての取組みを発表。主な執筆・編著書に『学びを起こす授業改革』、『実践・カリキュラムマネジメント』、『「ワークショップ型校内研修」で学校が変わる学校を変える』など。

どの学校でもできる！ 学力向上の処方箋
――学校リニューアルのマネジメント

2012年 8 月10日　初版発行
2016年 2 月20日　 6 版発行

著　者　**西留安雄**
発行所　株式会社 **ぎょうせい**

〒136‑8575　東京都江東区新木場 1‑18‑11
電話番号／編集03‑6892‑6533
　　　　　営業03‑6892‑6666
フリーコール／0120‑953‑431
URL　http://gyosei.jp

〈検印省略〉

印刷　ぎょうせいデジタル株式会社
乱丁・落丁本は、送料小社負担にてお取り替えいたします。

ISBN 978‑4‑324‑09535‑5（5107886‑00‑000）　　［略号：学力処方箋］